陳布雷從政日記

（1941）

The Official Diaries of Chen Pu-lei, 1941

民國日記｜總序

呂芳上

民國歷史文化學社社長

人是歷史的主體，人性是歷史的內涵。「人事有代謝，往來成古今」（孟浩然），瞭解活生生的「人」，才較能掌握歷史的真相；愈是貼近「人性」的思考，才愈能體會歷史的本質。近代歷史的特色之一是資料閎富而駁雜，由當事人主導、製作而形成的資料，以自傳、回憶錄、口述訪問及日記最為重要，其中日記的完成最即時，描述較能顯現內在的幽微，最受史家重視。

日記本是個人記述每天所見聞、所感思、所作為有選擇的紀錄，雖不必能反映史事整體或各個部分的所有細節，但可以掌握史實發展的一定脈絡。尤其個人日記一方面透露個人單獨親歷之事，補足歷史原貌的闕漏；一方面個人隨時勢變化呈現出不同的心路歷程，對同一史事發為不同的看法和感受，往往會豐富了歷史內容。

中國從宋代以後，開始有更多的讀書人有寫日記的習慣，到近代更是蔚然成風，於是利用日記史料作歷史

研究成了近代史學的一大特色。本來不同的史料，各有不同的性質，日記記述形式不一，有的像流水帳，有的生動引人。日記的共同主要特質是自我（self）與私密（privacy），史家是史事的「局外人」，不只注意史實的追尋，更有興趣瞭解歷史如何被體驗和講述，這時對「局內人」所思、所行的掌握和體會，日記便成了十分關鍵的材料。傾聽歷史的聲音，重要的是能聽到「原音」，而非「變音」，日記應屬原音，故價值高。1970 年代，在後現代理論影響下，檢驗史料的潛在偏見，成為時尚。論者以為即使親筆日記、函札，亦不必全屬真實。實者，日記記錄可能有偏差，一來自時代政治與社會的制約和氛圍，有清一代文網太密，使讀書人有口難言，或心中自我約束太過。顏李學派李塨死前日記每月後書寫「小心翼翼，俱以終始」八字，心所謂為危，這樣的日記記錄，難暢所欲言，可以想見。二來自人性的弱點，除了「記主」可能自我「美化拔高」之外，主觀、偏私、急功好利、現實等，有意無心的記述或失實、或迴避，例如「胡適日記」於關鍵時刻，不無避實就虛，語焉不詳之處；「閻錫山日記」滿口禮義道德，使用價值略幾近於零，難免令人失望。三來自旁人過度用心的整理、剪裁、甚至「消音」，如「陳誠日記」、「胡宗南日記」，均不免有斧鑿痕跡，不論立意多麼良善，都會是史學研究上難以彌補的損失。史料之於歷史研究，一如「盡信書不如無書」的話語，對證、勘比是個基本功。或謂使用材料多方查證，有如老吏斷獄、

法官斷案，取證求其多，追根究柢求其細，庶幾還原案貌，以證據下法理註腳，盡力讓歷史真相水落可石出。是故不同史料對同一史事，記述會有異同，同者互證，異者互勘，於是能逼近史實。而勘比、互證之中，以日記比證日記，或以他人日記，證人物所思所行，亦不失為一良法。

從日記的內容、特質看，研究日記的學者鄒振環，曾將日記概分為記事備忘、工作、學術考據、宗教人生、游歷探險、使行、志感抒情、文藝、戰難、科學、家庭婦女、學生、囚亡、外人在華日記等十四種。事實上，多半的日記是複合型的，柳貽徵說：「國史有日歷，私家有日記，一也。日歷詳一國之事，舉其大而略其細；日記則洪纖必包，無定格，而一身、一家、一地、一國之真史具焉，讀之視日歷有味，且有補於史學。」近代人物如胡適、吳宓、顧頡剛的大部頭日記，大約可被歸為「學人日記」，余英時翻閱《顧頡剛日記》後說，藉日記以窺測顧的內心世界，發現其事業心竟在求知慾上，1930 年代後，顧更接近的是流轉於學、政、商三界的「社會活動家」，在謹厚恂恂君子後邊，還擁有激盪以至浪漫的情感世界。於是活生生多面向的人，因此呈現出來，日記的作用可見。

晚清民國，相對於昔時，是日記留存、出版較多的時期，這可能與識字率提升、媒體、出版事業發達相關。過去日記的面世，撰著人多半是時代舞台上的要角，他們

的言行、舉動，動見觀瞻，當然不容小覷。但，相對的芸芸眾生，識字或不識字的「小人物」們，在正史中往往是無名英雄，甚至於是「失蹤者」，他們如何參與近代國家的構建，如何共同締造新社會，不應該被埋沒、被忽略。近代中國中西交會、內外戰事頻仍，傳統走向現代，社會矛盾叢生，如何豐富歷史內涵，需要傾聽社會各階層的「原聲」來補足，更寬闊的歷史視野，需要眾人的紀錄來拓展。開放檔案，公布公家、私人資料，這是近代史學界的迫切期待，也是「民國歷史文化學社」大力倡議出版日記叢書的緣由。

導言

劉維開
國立政治大學歷史學系教授

一

　　陳布雷（1890 年 11 月 15 日－1948 年 11 月 13 日），
浙江慈谿人，原名訓恩，字彥及，筆名布雷、畏壘。早年
為記者，之後從政，歷任國民政府軍事委員會侍從室第二
處主任、國防最高委員會副秘書長、中國國民黨中央政治
委員會秘書長等職，是蔣中正在大陸時期最倚重的幕僚，
信任之專，難有相比者。從政日記，開始於 1935 年 3 月 1
日，終止於 1948 年 11 月 11 日逝世前夕，前後十三年又八
個月。事實上，在此之前亦有日記，1935 年 10 月 12 日，
陳氏曾「整理舊篋，得民國十一年之舊日記三冊，重讀一
過，頗多可回味之處。」然這部份的日記至今並未得見，
僅能於其《回憶錄》了解一二。

二

　　關於《陳布雷從政日記》的流傳經過，陳氏八弟陳
叔同應《傳記文學》社長劉紹唐之邀，撰〈關於陳布雷

日記及其他〉（《傳記文學》第55卷第5期，1989年11月）一文說明。根據陳叔同的記述，陳布雷逝世後，家屬曾將其於1936年及1940年所撰寫之《回憶錄》，即出生至五十歲止之求學與工作經歷，以原始親筆墨蹟於1949年初出版。「不久時局危殆，政府各機關紛紛撤離大陸，正當上海行將淪陷之際，又匆匆將布雷先生自民國二十四年一月起至三十七年十一月十二日其逝世前夕止的親筆日記，全部以拍照縮製卅五米厘微膠卷，裝置小盒，由大陸帶出，分藏於美、臺各家人手中；而日記原稿數十冊，仍留置上海無法運走。」「日記原稿，為毛筆字書寫之十行紙簿本，整十三年之日記，多達數十冊，約五百七十萬字。經製作微膠卷，重僅三百公克，雖當時製作微膠卷技術，遠不如今日，但能安全攜出布雷先生日記於自由地區，實為一大幸事。」日記膠卷攜出後，陳氏家屬一直未作任何處理，至1961年間，臺北方面家屬考慮日記閱讀方便，並能妥善保存，認為似宜設法排印，乃先將每一膠片沖印為5乘7英時照片，達可直接目視閱讀之程度，以利排版，復由陳布雷六弟陳訓念於《香港時報》社長任內，在香港排印三十部，每部五冊。

　　陳布雷日記之排印本，起自1935年3月1日。先是陳氏於1934年5月受蔣中正延攬，任軍事委員會委員長南昌行營設計委員會主任。1935年2月，蔣氏修改侍從室組織，分設一、二兩處，以陳氏為侍從室第二處主任兼第五組組長。3月1日，軍事委員會委員長武昌行營成立，陳

氏參加成立典禮,並於是日起始為日記,謂:「自三月起始為日記,自是日日為之,未嘗中輟焉」。日記結束於 1948 年 11 月 11 日,為逝世前二日,時任中國國民黨中央政治委員會秘書長。因日記所涉時間,為陳氏從事政務階段,家屬乃將其題名為「陳布雷先生從政日記」。復以「布雷先生從事黨政工作數十年,雖無顯赫官位,但大部時間,均為輔佐決策當局,暨任總裁文字之役,其內容多涉當時決策及中樞官員,我家人亦深知布雷先生日記之發表殊非所宜」(陳叔同文),因此於題名加「稿樣」兩字,為「陳布雷先生從政日記稿樣」,表示僅為樣書並非正式出版品,由居住在大陸以外地區之家屬各自保存,作為紀念。2016 年 1 月,美國史丹福大學胡佛檔案館宣布由陳布雷侄兒陳迪捐贈的陳布雷日記將完整對外公開。陳迪為陳訓念長子,因陳布雷日記原件目前藏在南京的中國第二歷史檔案館,該日記應為當年排印《陳布雷先生從政日記稿樣》之依據。

三

《陳布雷先生從政日記稿樣》完成後,並未對外界透露,僅由陳訓念檢送一套呈報蔣中正鑒核。至 1988 年 2 月,南京中國第二歷史檔案館出版的《民國檔案》刊登〈陳布雷日記選 – 1936 年 1 月 – 2 月〉,首度揭露陳布雷有日記存世。次(1989)年底,臺北《傳記文學》轉載

〈陳布雷日記選－1936年1月－2月〉，同時發表前述陳叔同撰寫之〈關於陳布雷日記及其他〉一文，外界始知除日記外，尚有日記排印本由家屬保管。

對於《民國檔案》及《傳記文學》刊登陳氏日記一事，陳叔同於該文中表示「時至今日，此一四十年前涉及政務黨務之私人日記，早因時移世遷，當事人十九亡故，再無密而不宣之必要」，但為避免日記出現刪節或斷章取義等問題，「亟願布雷先生日記持有人，能儘早主動予以公開發表，以減少其被竄改與造謠欺世之機會」。《傳記文學》社長劉紹唐亦於該文文末「編者按」中，表示：「本刊正試洽此一日記稿本交由本刊連載之可能性」，然似乎未有結果。2002年9月，陳氏長孫陳師孟出任總統府秘書長後，將《陳布雷先生從政日記稿樣》全套五冊捐贈國史館典藏，並同意提供研究者參閱。此後，陳布雷日記排印本正式對外公開，研究者得以參閱，撰寫相關主題。其中東海大學歷史研究所沈建億在呂芳上教授指導下，完成碩士論文《蔣介石的幕僚長：陳布雷與民國政治（1927-1948）》，為日記公開後，第一篇以陳布雷為主題進行研究之學術論文，內容嚴謹，頗受外界好評。

留置在上海之陳布雷日記原稿，據復旦大學歷史文獻學博士鞠北平在其學位論文《陳布雷文獻資料研究——從議政到從政》中敘述，文化大革命時被抄家抄走，後來輾轉流傳到了上海市檔案館。文化大革命結束後，上海市檔案館將日記歸還家屬，家屬復將日記原件捐獻南京中

國第二歷史檔案館。該館於1988年在《民國檔案》第一期上，選刊1936年1至2月日記的內容，之後未再繼續，原件迄今未對外公開。目前大陸方面有兩個日記版本曾經為研究者運用。一是由陳布雷二子陳過保存之《畏壘室日記》影印件，該件據《陳布雷大傳》作者王泰棟轉述陳過說明，乃因日記原稿委託中國歷史第二檔案館保管，該館依例複印三套給家屬，此為其中一套，共二十九本，自1935年2月至1948年11月11日，缺1941年上半年一本。王泰棟撰寫《陳布雷大傳》、《陳布雷日記解讀——找尋真實的陳布雷》及寧波大學戴光中撰〈從陳布雷日記看其晚年心態〉等，乃依照此版本。一是上海市檔案館之抄寫本，該館將日記原稿歸還陳布雷家屬時，曾經留下了複印本，爾後由複印本衍生出抄寫本。鞠北平撰寫博士論文時所參考陳氏日記，即是其導師、上海市檔案館研究館員馮紹霆提供的抄寫本。抄寫本的內容從1935年3月1日到1948年6月30日，缺少最後四個半月。

四

　　日記是研究歷史人物的重要素材，不僅可以研究傳主一生經歷與思想，同時也可以研究與其相關人物之生平與思想。陳布雷日記每日以敘事性方式記錄，自起床至就寢，整日的工作情況，時間、地點、人物相當明確，內容包括處理公務、會客、出訪、談話等，簡要翔實，1935

年、1936 年日記並有摘錄各方呈送報告內容，實際上就
是他的工作日誌。1935 年，陳氏曾隨蔣氏至四川、貴
州、雲南等地巡視，對於地方政情及風俗民情多有記錄，
可作為抗戰前中央對於西南地區理解之參考。

　　陳氏亦於日記中記錄其自我檢討或對人事之個人意
見，為理解其心態之重要參考。如1935 年7 月27 日，陳
氏以長篇文字反省其短處，列出八項缺點，以及四項「急
救之道」與應學習對象，曰：「今晨澈底自省余之短處，
不一而足，憤世太深而不能逃世，此一病也。自待甚高，
而自修不足，此二病也。既否定自身之能力，而求全好勝
名心未除此三病也。憤激之餘，流於冷漠，對人對己均提
不起熱情，甚至事務頹弛，酬應都廢，而託於淡泊以自解
此四病也。對舊友新交，親疏冷暖，往往過當，有時興酣
耳熱，則作交淺言深之箴規，無益於人，徒滋背憎此五病
也。對於後進祇知獎掖，不知訓練，又不知保持分際之重
要，對於部屬，祇知涉以情感，不知繩以紀律，此六病
也。對於公務，不知迅速處理，又不能適當支配，遲迴審
顧，遂多擱置，此七病也。手頭事務不能隨到輒了，而心
頭時常牽憶不已，徒擾神思，益減興趣，此八病也。受病
已深，袪之不易。但既不能逃世長往，則悠悠忽忽，如何
其可。急救之道宜從簡易入手。一、戒遲眠；二、戒多
言；三、勿求全；四、勿擱置太久。（五日一檢查）其在
積極方面：安詳豁達，宜學幾分大哥之長處；熱情周至，
宜學幾分四弟之長處；處事有條理宜學幾分黎叔之長處；

交友處世，不脫不黏，宜學幾分佛海之長處；循此行之，庶寡尤悔乎。」在1935年11月中國國民黨五全大會之後，陳氏深感體力心力交疲，兼以黨政機構改組以後，人事接洽，甚感紛紜，乃向蔣氏請准病假一月，杭州養病。在此期間，陳氏對於自身精神狀況多有檢討，如12月20日記道：「自念數年來所更歷之事，對余之志趣無一脗合、表面上雖強自支持，而實際無一事發於自己之志願。牽於情感，俯仰因人。既不能逃世長往，又不能自伸己意。至于體認事理，則不肯含胡，對於責任又過分重視。體弱志強心嬴力絀。積種種矛盾痛苦之煎迫，自民十六年至今，煩紆抑鬱，無日而舒，瀕於狂者屢矣。每念人生唯狂易之疾為最不幸，故常於疾發之際，強自克制，俾心性得以調和。亦賴友朋相諒，遇繁憂錯亂之時，往往許以休息，然內心痛苦，則與日俱深。頗思就所經歷摹寫心理變遷之階段，詳其曲折，敘其因由，名曰『將狂』，作雜感式之紀述，或亦足供研究心理變態者之參考也。」

陳布雷交遊甚廣，在日記中留下了大量的交往記錄，大體而言，可以分為幾個部分：家人、早年就讀浙江高等學校的同學、任教寧波效實中學之同事、新聞圈友人、侍從室同僚、中央及地方黨政人士等，其中尤以最後兩部分在日記所佔分量最多，有時亦會記下對人的品評或個人感想，頗具參考價值。如1936年10月26日，聞湖北省政府主席楊永泰於前一日在漢口碼頭遇刺身亡，記道：「暢卿為人自負太高，言論行動易開罪於人，一般對之毀

譽不一，然其負責之勇，任事之勤，求之近日從政人員中亦不可多得。竟死非命，至足惜也。」陳氏與楊永泰共事頗久，此段評論，當為近身觀察所得，可為理解楊氏行事之參考。再如1936年12月7日，陳氏閱報知黃郛因肝癌病逝，記道：「黃氏智慮周敏，富於肆應之才，然兩次當外交之衝，均蒙惡名以去，病中鬱鬱，聞頗不能自解，竟以隕身，亦時代之犧牲者。」此段記述對於理解黃郛，乃至黃氏與蔣中正關係之變化，提供了若干訊息。

另一方面，陳氏作為蔣中正之重要幕僚，除代擬文稿、參與會議外，日常與蔣氏接觸頻繁，亦常奉指示，就重要決策徵詢黨政相關人士意見，這些過程往往記錄於日記，提供理解蔣氏之側面資料。如1936年5月，陳氏隨侍蔣氏自廬山返京，於九江搭艦至蕪湖，途中與蔣氏作三十分鐘之談話，詳述其對於國事之觀察及自身心理煩悶之由來，蔣氏勸其注意身體，以和而不同為立身之準則，記道：「委員長謂：種種消極悲觀，多由身體衰弱而起，宜節勞攝生，對人對事則仍須保持獨立之見解，以和而不同為立身之準則可耳。」（5月4日）是年9月，成都事件、北海事件相繼發生，中、日兩國緊張情勢升高，蔣氏時在廣州，各方催促其返回南京之電報不斷，陳氏於23日記道：「行政院各部會長昨聯電促委員長歸京，今日孔副院長亦來電請歸京主持，均奉批『閱』字，但對余言：此間事畢，則歸京耳。」復記：「晚餐畢，委員長來侍從室，命予同往散步。旋同至官邸，侍談甚久。見委員長從容鎮

定，對國內政治等仍從容處理。略談外交形勢，亦不如京中諸人之憂急無措，但微窺其意，當亦以大計無可諮商為苦。」再如1948年4月，中國國民黨六屆臨時中全會堅持欲推蔣中正為行憲第一任總統候選人，與蔣氏原意不合，6日晚，蔣氏與陳談話一小時餘，談話內容如何，不得而知，但陳氏於次（7）日日記記錄對蔣談話之感想，曰：「追繹委座昨日之談話，知其對中樞散漫情形甚關懷念，然積習相沿，遺因已久，蓋在第四次代表大會時始矣。今日欲圖補救，確非重振綱紀不可。此決非另起爐灶之謂，實應痛下決心，由中樞諸人衷心懺悔，改革制度，改革作風，刷新人事，多用少壯幹部。而任用幹部，則以公誠與能力為第一標準，如此一新耳目，庶克有濟。今日領袖不能再客氣姑息，黨員不能再諉過塞責了事，非一新耳目，不足以使本黨存在，以號召國人。然環顧黨中能自反自訟者寥若晨星，新幹部亦未作適當之培養，念之殊為憂心悄悄也。」4月12日，蔣氏主持總理紀念週講話，內容關係黨紀黨德及對部分國大代表主張修憲之意見，次日《中央日報》僅有六行的篇幅報導。陳氏則於日記記錄蔣講話重點：「注重黨德，遵守黨紀，決不可以私害公，亦不可對外自損黨的信譽。現值非常時期，應知國恥重疊，國難嚴重，切不可議論紛紜，使大會曠日持久，遷延時日。要知拖延大會日期，使吾人不能專心努力於戡亂，正為共產黨所求之不得者。至於憲法未始不可修改，然此次以不修改為宜，即或顧及戡亂時期之臨時需要，亦應以其他方法求

變通之道。關於擴大國民大會職權及設置常設委員會，萬不可行。至戡亂完畢時，自可召集第二次大會。」對於探討蔣氏之心態，具有相當參考價值。

陳氏於1948年11月13日去世，1948年為其最後一年日記，而該年亦是中華民國實施憲政的第一年。行憲伊始，對於政府而言，各種問題，紛至沓來，陳氏周旋其間，精神負擔沉重，對黨內諸多現象，憂心不已，於日記中多有反映，深感「黨內情形複雜，黨紀鬆弛，人自為謀，不相統屬」，（5月5日）藉由其日記所記，不僅可以揣度陳氏在這一年之心境轉折，亦可知除軍事之外，政府與蔣中正在政治上所面臨的困境，對於1949年大變局，能有更深一層的理解。

《陳布雷先生從政日記稿樣》自史政機構對外公開後，數十年來已廣為學者參閱，相關研究著作陸續出現。然《陳布雷先生從政日記稿樣》原意並非提供研究之用，閱讀上仍有不便。今民國歷史文化學社以該書為基礎，重予校對排印，公開出版，以期為民國史研究者提供重要參考資料。此不僅對國民政府、軍委會內部運作之研究、對蔣中正研究，以及民國史相關研究，均具重要意義。對陳布雷個人，其文字造詣深，忠勤任事，而生活淡泊，日記記事更給予後人諸多啟示。

編輯凡例

一、本套日記為原東南印務出版社編印，但最終並未發行之《陳布雷先生從政日記稿樣》，自1935年3月1日起，至1948年11月11日止。

二、本套日記依原東南印務出版社編印之版本，重新以橫式排版，與原書排版方式不盡相同。

三、古字、罕用字、簡字、通同字，在不影響文意下，改以現行字標示；原手民誤植之處則直接修正，恕不一一標注。

四、部分內容為便利閱讀，特製成表格，並將中文數字改為阿拉伯數字。

目　錄

民國 30 年

新年自省（30 年 1 月 3 日）

缺點之檢討：

（一）勿萌驕矜之心；

（二）勿存耽逸之心；

（三）勿嫉惡太嚴；

（四）勿絕人太甚；

（五）勿暴怒；

（六）勿多言；

（七）勿遲睡；

（八）勿作輟無恒。

（對一切人應有同情心，對工作應有計劃、有準備、有程序、有檢查；對同事應定時接見，在可能範圍內經常督飭而獎進之；對自身之修養應多讀書，多接近有學問之人。）

日課之預定：

（一）非有及疾病，早起不可在七時半以後；

（二）非有急要事，晚間就睡應在十一時以前；

（三）每日以至少半小時之時間讀書；

（四）每日經常工作勿超過七小時；

（五）應辦事件勿積擱至一週以上（每星期日應有一次整理和檢查）；

（六）每日以一小時處理函札，宜勤於通信；

（七）每日以一小時見客，見客時勿作冗長無益之

　　談論，時間精力均應有限制；

　　（八）應設法養成運動之習慣（或以散步代之）。

1月1日　星期三　晴　五十四度

　　七時起。霧靄籠罩中，陽光穿雲而出，象徵時代之日見光明，衷心至為愉快。七時五十分到國府，參加遙祭總理之典禮。余與鄧孟碩、朱家驊二君最後至，旋即舉行中華民國成立紀念典禮。文武肅立，氣象森穆，林主席領導行禮後，致紀念詞，以「生產」、「節約」二義勗勉同人。謂「勸能致富」、「儉以養廉」，立國立身，胥由此道。主席聲容朗發，總裁以次均肅然領受。繼舉行團拜禮，諸同人相互握手稱慶。禮畢約孔委員至別室，補簽第四十九次常會議案。九時回曾家岩謁委員長賀新年。九時卅分舉行侍從室國民月會及團拜典禮。羅郡子先生及第三處同事十人均來參加。賀主任暨余分別致詞。十時卅分禮成。至辦公室，與第三處諸人周旋。十一時回寓，驪先、滇生、平遠、斅公及建及許、李秘書、秋參謀等均來賀年，皆略談而去。午餐畢，鄧翔宇、秦振夫、王化成、黃少谷、王唯石等先後來寓，均略談而去。唯果伉儷及芷町亦來。三時後後補閱國防最高委員會文件十一件，處理公私函札十五件。既畢，乘車回老鷹岩省視家人。食自製之湯糰。夜與家人敘談。十時就寢。

1月2日　星期四　晴　五十五度

八時十五分起。昨晚睡眠酣適，精神較暢。盥洗畢，到舍外散步，至主席官邸前，則四弟挈細兒已自重慶來此（今晨命明、樂兩兒往接）。相偕至寓。四弟頗以此間環境清幽為可樂。惟謂住宅稍狹仄耳。向午偕四弟、細兒游山中，歷花圃而歸。一時午餐畢，閱報，小睡至三時卅分起。再食湯糰及林主席所賜之柚子。六時四弟等歸去。晚餐略飲白酒，以小魚佐之。園蔬亦已可食，甚甘之也。夜閱三民主義周刊，致唯果函。十時卅分寢。

1月3日　星期五　晴　五十四度

八時起。略進早餐，與允默談家事。並囑蕭副官來見，囑其整理新開寺區內道路，並隨時察看各住宅，維持整齊與清潔。十時謁林主席後，即乘車返渝。擬往訪岳軍，知有他客未果。午餐後唯果來談。小睡至三時醒。閱二日、三日各報，並轉呈盧作孚先生辭呈。王芸生君來談，良久而去。五時岳軍來談。六時偕至國防委員會參加會餐。到九十餘人。席間岳軍及余分別致詞。七時岳軍先去，八時席散，偕唯果先歸，談三民主義周刊事。閱羅斯福總統卅一日來電，即為轉呈。九時卅分詠霓來談，十時後與芷町處理四組文件。十一時卅分寢。

1月4日　星期六　陰　五十四度

早醒，六時卅分起。閱青年中國季刊。八時錢乙藜

君來談翁部長辭職事。九時軍令部派赴蘇聯之學習員謝國棟來訪，攜來力子先生函及去年十月十六日史大林覆委員長函原件，即送王雪艇君對照英譯，改正譯文。以去年所接電，詞意尚不明顯也。宋希尚君來談西北運輸事。閱六組批表及呈現二十件。午後小睡一小時即醒。往重慶村訪盧作孚局長，退還辭呈，切勸其打銷辭意。四時往訪岳軍於美專十七號，談一小時。旋又與雪艇談宣傳等事。八時往謁委員長，報告外間對翁君辭職之觀察。出至四組，核辦文件。十時卅分歸。十二時寢。

1月5日　星期日　陰　五十四度

六時即醒，七時五十分起。閱各報社評及消息，對於歐局殊感撲朔迷離不可捉摸也。四弟來談刊物選輯標準。七弟來談外交趨勢。望弟來請示軍用文官登記事。十時後忽覺頭暈心惡，不可復支，乃就床再睡，至十二時卅分起。健中兄來，未及接談也。午後閱張鐵君著三民主義與共產主義之基本認識小冊，並讀最近期雜誌六冊。閱讀太多，精神又疲倦。蔣侍衛官來談。六時閱六組呈件十八件。小作休憩，又核閱國防會件三件。實之來談。晚餐後與芷町處理四組呈件十二件。發函五緘。頭暈甚。十一時卅分就寢。

1月6日　星期一　陰　五十四度

七時起。昨晚睡眠仍不佳。今晨強起視事，未及出

席中央紀念週。八時卅分到秘書廳。九時舉行紀念週及國民月會，由吳秘書景洲報告後，余復致詞勗勉，指示公務員應特具刻苦服務之精神，並望能按時到公、按時辦發公文，切勿耽擱。十時畢，巡視廳內一周，並發表萬君默為秘書。十一時到曾家岩，與賀、陳、王三主任商審核工作報告事。十二時回寓。午後小睡，亦不酣適，神思疲倦，心續煩亂，且頭痛劇烈，服藥二包始稍癒。閱六組呈件。六時唯果來談，九時去。十時卅分芷町始來，即宿余處。十二時寢。

1 月 7 日　星期二　陰　五十四度

七時卅分。精神仍不佳，細查其原因，殆由工作頭緒太繁之故也。八時到行政院出席經濟會議。到張、谷、陳、翁部長及蔣處長、徐次長等多人。通過關於登記糧物案之審查報告。十時卅分散會，歸寓。閱報，處理文件。賀子昭君來談研究知難行易學說之心得及哲學研究之方法。段茂瀾司長來訪。十二時卅分與雪艇會宴岳軍於油市街四號。到公權、書貽、孟真、志希等八人。餐畢敘談，三時卅分始散。歸寓午睡，極沉酣，六時始起。閱六組情報各件。王子壯秘書來談監察委員會事。八時晚餐，處理四組文件，十時卅分畢。核閱國防會文件。十二時寢。

1 月 8 日　星期三　陰　五十四度

七時十五分醒，八時起。閱季鸞寄來函及常州青年

伍姓之自白件。教育不良，害盡多少青年，可懼也。校正
對兵役人員訓詞（五日）一篇。十時滄波來談。十一時往
訪岳軍，值與周成虎師長接晤未及詳談，遂返寓。壽毅成
偕朱惠清君（代表黃主席）來訪，與朱君詳談浙省政措
施。一時午餐。餐畢，張國燾君來談增加食糧生產及改進
黨務之意見，三時別去。疲甚，小睡一小時起。怯寒、畏
風、頭通、甚感不舒。閱雜誌數期，規畫考績事。皋兒來
談家事。陶百川兄來談宣傳及海外宣傳事，約二小時去。
晚餐後委員長電話詢中央大學事。芷町來處理四組文件，
並談秘書廳諸事。十二時就寢。

1月9日　星期四　晴　五十六度

　　七時卅分起。黃仁霖君來訪，談傷兵慰問組事及新
運總會等之經費事。十時到秘書廳巡視第一、二、三組辦
公室，並核定薪俸案及各專門委員會改善待遇案多起。與
滇生談本屆考績獎懲及監察院關於考察之職權。十二時卅
分到官邸，參加星期會談。郭、張、陳、王諸人作報告，
餐畢已三時。與立夫略談即歸寓。小睡約一小時而醒。研
究百川昨談之宣傳方略，思慮頗深，又覺頭通不支。六時
萬君默來談，擬下週入廳工作。七時卅分到唯果家聚餐，
商周刊事。晤吳貞安、楊繼曾兩君，學行均可佩。九時卅
分歸，處理四組、六組件。十二時寢。

1月10日　星期五　陰　五十五度

九時卅分始起。閱各報知美國備戰益亟，而巴爾幹風雲亦日緊矣。處理公私函札八件，核閱國防最高委員會處理文件表，以積件過多，批示催促速辦，並令趕辦報銷案。今日上午有情報，嗣知敵機飛達巫山後向北飛，未入川境。十二時午餐，餐畢小睡至二時卅分起。閱六組情報件及國訊雜誌等。擬訪岳軍未果。發允默第五號函。皋兒來談。今日騮先約晚餐未往。成惕軒秘書來談，指示其為學之途徑。盧主任來商公事，良久而去。與邵秘書毓麟長談。十時後閱六組、四組情報及文件。芷町來談。十二時就寢。

1月11日　星期六　陰　五十五度

七時卅分起。閱新華日報。今日為該報發行三周年紀念，馮煥章等均有祝詞，甚至有「也沒有什麼謠言」之語，此果由衷之言乎。核閱經濟會議報告，改擬簽註意見，又詳閱陳立夫、徐可亭辭建設專款保管委員會主任之呈文，並簽意見，而呈送之。十時舉行本室會報，由余主席，議決考積案及經費案，十二時卅分散會。歸寓午餐畢，小睡至三時起。接季鸞十日來函報告敵情，即轉呈委座閱覽。閱定秘書廳去年考績案，並處理函札七件。閱六組情報十八件。晚餐時實之、希曾均來談。夜閱定四組文件十二件。往訪楚傖，談一小時歸。十一時卅分寢。

1月12日　星期日　陰　五十四度

八時起。今日實宜休養，而諸事待辦，心中不得安閒。閱報後約秘書廳王唯石秘書來談，以核定考績件及會議件與各種表報檢交，囑其攜去。十一時卅分岳軍來談對一般政象及人事問題，頗多憂慮，相對太息。十二時同至曾家岩約果夫會談片刻。十二時卅分參加官邸會報及敘餐，所談仍以經濟問題為主。見委員長甚憊倦，故散會後亦未及有所報告。退歸私寓休息，至三時卅分起。處理私函若干緘，閱六組情報廿八件，核准加給邵秘書津貼四十元，升郭子猷為中尉書記。閱軍用文官登記件之一部。夜處理四組文件十件。十二時寢。

1月13日　星期一　晴　五十六度

八時起。今日精神較佳，乃知氣候與工作（最煩心者為積壓之雜件太多）均足以影響余之精神與情緒也。參加紀念週後，接開國防最高委員會第五十次常會，報告經濟狀況（由孔作報告），所佔時間甚長，十一時五十分始散會。與楊子鏡接洽專門委員會事。與雪艇談中央設計局及宣傳業務。並與哲生、溥泉諸人略談。一時卅分歸寓午餐。餐畢小睡。閱六組情報十八件，批表六件，知敵人月內必將發動軍事攻勢矣。閱胡秋原所擬方案，極精闢。處理函札十二緘。閱國防會文五件。秦振夫來談指定陝、豫等省聯繫人。夜閱四組文十件，辦理人事登記案。岳軍來話別（託寄遲兒一函）。十二時寢。

1月14日　星期二　大霧、晴　五十六度

　　八時起。以秋原所擬方案交繕。閱國防會文件及考績件，以有疑問，未及辦完。今日經濟會議，因事未出席。滄波來談，九時偕訪于院長右任先生，商監院視察戰時行政計劃事。右任先生與行政院之間隔膜深極矣。十時賀自昭來，本擬同赴南岸，待顧孟餘同行，久久未至，時已聞敵機有襲川消息，十一時二十分顧始姍姍而來，知敵機已到利川，遂中止出發。沈尹默師亦來本室防空洞暫避。敵機掃射南岸，二時後警報始解除。疲極小睡，至四時醒。閱六組件。傍晚雲南大學校長熊迪之來談經費事。積件未理，時有客來，真以為苦。夜胡健中同志來談。六時到國防會宴客省代表十四人，即席演講。八時歸。與健中談甚久。十一時後閱六組、四組件。十二時卅分寢。

1月15日　星期三　陰晴　五十五度

　　八時起。閱國防會各件及滇生送來核閱之件。今日精神較爽健，蓋兩日晴光所賜也。十時唯果來談三民主義周刊事。旋賀自昭來，核閱尼赫魯覆函之譯稿。旋陳武鳴教育長來談中央軍校之教育及分校隸屬問題。十時卅分偕賀自昭教授同赴南岸。十一時卅分到達。未幾孟餘亦來，偕同入謁委員長。孟餘商經濟代表團事，自昭談黑格爾哲學甚詳。委員長謂黑格爾哲學與我國朱子哲學，前者主以信仰克敵人；而後者主敬、克己；其實克己乃能克敵，其揆一也。又言人皆以程、朱唯心，不知朱註大學即主力

行，所謂「用力之久一旦貫通」是何等工夫；下言「眾物之表裡精粗吾人之全體大用」，可見何嘗偏廢，其理甚精。與緯國談空軍教育。二時卅分偕自昭同歸。小睡直至傍晚。處理人事件，六組四、組文件各十件。芷町來談。十二時卅分寢。近日甚感時間不敷分配也。

1月16日　星期四　雨　五十四度

八時起。連日仍感睡眠未足也。閱報及三民主義周刊第二期。擬辦本組之考績案，事冗未果。今日覺兩肩胛作痛，牽動神經，延入頸項，甚以為苦。十時蔡勁軍來見，自述其去粵之經過，表白功績，亦不知何意。十一時翁詠霓部長來詳談經濟設施及資源會事，並及平抑物價與管理外匯調整機構等意見甚詳。十二時卅分去。貴嚴為經濟會議事約談，未及赴也。午餐後，處理公私函札十二緘。腦筋疲滯，小睡至四時起。委座今日出席川省五專員區行政會議。四時十分到軍委會參加定例會報。發言兩次。七時畢，處理國防會件，八時歸。閱六組各件。夜毓麟來談。往謁委員長商發表件。盧作孚來詳談。十一時閱四組件十二件。十二時寢。

1月17日　星期五　陰　五十四度

七時起。八時卅分往軍令部訪劉為章次長，詢葉挺部襲擊國軍第四十師之經過。調閱顧長官報告處置情形之電報，並傳述委座意旨，商擬命令。九時卅分到秘書廳，

約萬君默來談考核委員會之工作。並與胡秋原君略談。
十一時返寓，以電話約雪艇，十二時同至官邸報告。旋劉
次長亦來，委座以命令要旨及發表件交余詳酌之修正。一時
歸寓午餐。餐畢，小睡至三時起。將命令稿及軍委會發言
人談話稿加以整理，五時卅分到官邸呈閱。頌雲、健生、
次宸、德鄰、為章、雪艇諸君咸在座，委員長核改後命即
校改照辦。七時歸晚餐，囑省吾往中央社接洽。閱六組、
四組呈件。夜深始畢。就睡已一時矣。

1 月 18 日　星期六　陰　五十四度

七時卅分起。頭痛疲憊，似尚欲沉睡，而精神異常
緊張，此境最為痛苦，強坐一小時後實不能支，就枕小
憩，十時後沉沉入睡，至一時始醒。胃呆、腹脹，胡醫官
來為診治，囑休息一、二天不可治事。然近日事多積擱，
此又如何可能乎。二時卅分照常午睡，至五時起，則精
神稍復矣。周恩來在新華日報題字宣傳，至為巧毒。今
日客來相訪者均未接晤。閱六組呈件八件，處理函札十
件。夜九時後閱四組呈件十二件，讀胡翔冬詩。十一時
五十分就寢。

1 月 19 日　星期日　晴　五十四度

五時卅分即醒，七時起。閱昨日積件，略辦數事。
閱報及參考消息後，畏寒而頭痛，神思疲散，不能集中，
一似昨日之狀態，不得已再睡至十時卅分。童行白秘書、

李樸生處長來談海外宣傳，又犯多言之病。與兩君罄談，不覺逾分。發鐵城一電。今日未食中飯，午後仍兩起兩臥，彷徨繞室，情緒煩懣異常。望弟仍屢以函件請處理，真以為苦。四時卅分到四組辦公室，指示辦法要電數則。從芷町之請，上書委員長請作一星期之休息。六時卅分歸寓。閱徐可亭之報告。晚餐後唯果來談三民主義周刊事，旋唐組長來報告，談約一小時。核擬平價機關查賬件及中大校長請辭之件。處理畢，就寢又十二時矣。

1月20日　星期一　陰　五十三度　舊曆祀灶日

七時起。疲憊如常，盥洗閱報後再睡。委員長來電話，未及接談。九時醒，電緯國報告病狀，囑其轉達，並為顧孟餘請約見之期焉。十時卅分得委員長准假六天之批示，此心稍寬。吳貞安與李泰華兩君來寓相訪（李君山東臨清人，十三年入黨，十八年後未為本黨工作，今任中山社會學講授），詳談青年思想問題及宣傳。十二時去，唯果來談一小時。二時後再就睡，至四時起。閱六組情報件，不支，又再睡半小時。五時閱批表數件。志希攜戚大夫來視余疾，並為余談校事，約卅分鐘，強坐而聽之。實之來談，言楚傖將來寓訪余。余實不能再談問題矣。八時芷町來，仍核四組要件八件，指示辦發關於經濟件及平價機關查詢之覆件。十時芷町去，精神稍佳，與四弟略談，即寢。

1月21日　星期二　晴　五十四度

　　六時醒，八時起。昨晚服藥兩丸，睡眠稍佳。覆翁詠霓函，寄還適之一月五日長函。又函雪艇告病狀，改閱泰戈爾等來函之譯文，奉諭交報紙發表，嗣文諭令收回。又閱呈陳介大使及邵力子大使各一電。邵電告俄政府意態，並詢應付。余病中，不能擬辦，只得原電呈核矣。蔣侍衛官恆祥來辭行。十時卅分季鸞來訪，談港事及敵情，兼及以後政治經濟之措施，彼極健談，余傾聽之，且留午餐，又以待車續談至一時半始別去。再睡一小時餘，至三時卅分醒。處理函件數緘，閱六組呈件九件，並閱國防會件及辦理積壓之件。晚餐時騮先來詳談黨務及經濟。與文白通電話，商緯國事。夜芷町、唯果來談。閱發文五件，辦理本室考績。至二時後始睡。

1月22日　星期三　晴　五十三度

　　八時起。覆閱本室考績件，並閱定軍用文官登記文件（即囑組望送一組彙轉）。九時約盧滇生來談，囑其在此五日內代行祕書廳職務，並商核國防會文件五件（縣參議會及鄉鎮民代表會條例，囑彼攜去，下月初再核）。約學素來談，分贈特別費八百元與之。十一時有空襲警報，在地下室內晤君誨先生等。二時四十分解除，小睡一小時再起。覆私函五緘（交陳清三百元作年賞）。五時乘車赴老鷹岩，擬小住三日，以期恢復病體。晚餐食園蔬甚鮮美。九時卅分就寢。

1月23日　星期四　陰　五十四度

九時卅分起。昨晚未服藥，而睡眠尚酣，惜多夢屢醒，今晨有意多睡若干時。盥洗畢，起視舍後隙地，多已整理，並栽花草，再閱數月當楚楚有致矣。今日不作他事，讀舊書自遣。午餐後再睡一小時餘。有較奇之夢境，皆過去一月中複雜之事態所反映也。往三四號小住宅前閒眺，循山徑而歸，風勁未及作山游。與祖望通電話，答覆委員長詢問十六日之手稿事。夜閱第七次全體會議紀錄，摘記要案備檢閱之用。十時就寢。

1月24日　星期五　大霧　四十九度

九時卅分起。今日山中寒甚，大霧竟日不散。午後下雨，不能出舍外一步。余每次來山，皆不值晴天，殊以為憾也。上午與家人閒談，視兩兒課業較前無進步。聞到山洞後作文讀書均極草草，然對于田間工作則甚感興趣，意有所偏注，遂不免荒廢耳。午後平玖甥女抱其新生之兒子來見，纔彌月未久，其名曰亮，惜吟苡兒不及見矣。自二時至四時小睡甚酣。夜無事，檢舊書讀之。此來專為休養，不欲勞心。十時卅分就寢。

1月25日　星期六　陰雨　四十七度

九時卅分起。閱吳貞安教授所著「今日中國之物價問題」，論戰時經濟，處處以財政金融政策不健全為主要病根。以為欲安定民生，必須改正財政金融之措施，此可代

表一般學者之意見。吳君文謂：平抑物價，當從調整物價
著眼。所見至當，立論亦謹嚴。此文擬呈委員長閱之。午
餐後寒甚，有微雪，此在四川惟高山中可見之也。小睡
二小時，有極複雜之夢境，心思仍不寧謐。入夜益寒，
以炭盆烤火乃煖。閱羅斯福就任演說，文章極美。十時
卅分寢。

1 月 26 日　星期日　陰　四十八度　今日陰曆除夕

　　九時五十分起。盥洗畢，整理物件，偕默摰兩兒及
旦姨同車返渝。十一時許到達，知文件堆積已甚多矣。中
午唯果來，報告數日來接見賓客談話之大概，並談三民主
義周刊，擬約蕭公權君加入。午餐後閱委員長昨日與蘇大
使談話紀錄，四時偕唯果同謁委員長。今日約雪艇、貴
嚴、為章同商對新四軍事件，由委座發表談話事。委員長
口述大旨，擬明日至紀念週作一詳盡之演講。各人亦略申
所見，談話約二小時餘。六時卅分退歸，在寓祭先伯姊應
孺人（今日為諱忌）。皋、細兩兒及積祚與七弟、辟塵咸
集，循例飲辭歲之酒。余疲甚，忽忽不樂。芷町來略談。
十時卅分寢。

1 月 27 日　星期一　陰　四十九度　陰曆元旦

　　八時起。即赴國府大禮堂，則紀念週已開始矣。總
裁訓話歷一小時又二十分鐘禮成。接開國防最高委員會
五十一次常會，由孔主席，報告畢，正待進行議程，接委

員長電話，遂先請退席。赴官邸，奉交下軍令部所擬之概略，即交四組謄繕後送賀主任。在四組小坐即歸寓。往訪貴嚴，未及晤談，以有客也。又至五組指示蕭秘書以整理紀錄之要旨。十一時卅分歸午餐。午後小睡一小時起。另擬一較簡短之紀錄稿，以備採擇發表。與雪艇商宣傳事。四時繕竣，即往四組，索自誠之稿件，知未竣事，遂以余所記者呈閱，並面述所見。仍至四組一轉，閱定速記稿呈閱焉。七時晚餐畢，辦理六組、四組各件。至九時委員長將講稿核定一半發下，商定明日一併發表。與芷町詳談組務，升任黃居中、熊湘、錢瑞麟為中尉書記。核國防會件。十時卅分寢。

1月28日　星期二　陰　五十二度

八時卅分起。閱報及參考消息後，往李子壩訪李司令長官德鄰，值外出未晤。與白副總長談約一小時而歸。十時往視楚傖先生之疾，聞為肋膜炎，精神甚委頓，勸其靜養十天。旋即至宣傳部與公展談特種宣傳事，並與雪艇略談參政會等事。接委員長電話，往官邸，以講詞交下，命再整理。午餐後開始審閱，並修改若干語，調司書五人分繕，至五時卅分送呈。七時貴嚴來談，同往謁見。貴嚴主張此稿遲一天發表，委員長決定即發，遂攜送中央社。歸閱六組、四組件。十二時寢。

1月29日　星期三　陰　五十二度

九時起。處理私人函札數緘。翁部長詠霓來談經濟
會議事，並商農本局事，約談一小時而去。葛武棨君來談
幹部訓練班四團情形及陝省之宣傳，與青年運動等事。直
至十二時卅分去。閱昨日未核之第四組文件，並補核國防
會三日來之稿件及表冊等。午後略睡一小時。發邵大使電
兩件，四時到青年團，舉行第五次常務監察會。驥先未
到，議決要案六件。與志希談中大事。七時舉行會餐，宴
幹事會各同志。九時卅分歸，文白來，長談約一小時。閱
四組文件十八件。十二時寢。

1月30日　星期四　陰　五十四度

九時起。盥洗畢，教育專門委員會彭鎮寰君來談，
旋俞寰澄來訪。黃任之、楊衛玉兩君來商公債勸募委員會
事，談約卅分鐘。滄波來談監察院事。張季鸞君來談敵情
與新四軍事，至十二時始去。以舊函呈委員長陳述南洋問
題。以委座下午將見英大使，請其面囑注意也。午後小睡
至三時醒。閱區黨部各種文件。四時出席軍委會定例會
報。七時散，與立夫、文白略談而歸。楚傖之病加劇，為
電成都延醫。夜蕭青萍來談甚久。閱六組、四組件。至
十一時畢。十二時寢。

1月31日　星期五　陰　五十三度

九時起。閱報後赴秘書廳辦公。補閱各表冊，並處

理文件十餘件。約滇生來商縣參議會案及準備對國民參政會之報告。約秋原來談，囑其研究特種問題之宣傳。又約第三組秦組長，指示組務，補用科員二人。十二時卅分歸。唯果來談周刊事。午後小睡一小時。楚傖之病仍見嚴重，戚壽南醫師午後始到，決定送入中央醫院。三時劉光炎君來談，為掃蕩報事徵其意見，詢願就該報總編輯否。閱六組、四組文件多件。晚餐後吳文藻、謝冰心伉儷來談。閱賀自昭報告七件，發私函數緘。十二時就寢。

2月1日　星期六　陰　五十二度

七時卅分起。出席本室國民月會，對整飭軍紀問題及十八集團軍自二十七年以後殘害友軍、破壞抗戰之事實作一總括報告。九時散會，歸寓。孫鶴皋君今日自香港來，偕嚴慧鋒來訪，談別後情形，直至午餐後始去。小睡一小時餘，三時約浩若、公展、唯果、桂圃等為三民主義週刊事開談話會，決定以唯果為社長，李泰華、傅築夫分任主編及常務編輯，桂圃任經理，兼討論今後編輯方針及取材標準。六時始散。閱外電多件。抄呈國外來電兩件。傍晚約王子弦君來談中央秘書處事。夜閱六組情報件二十七件、四組件十一件，撰獻旗答詞一篇。十二時寢。

2月2日　星期日　晴　五十三度

八時五十分起。昨晚又服藥睡眠尚佳。九時卅分季鸞來談，香港方面尚有日諜山崎之活動，並出示港友來函，兼談參政會問題，十一時去。閱本日參考消息畢，十二時往官邸參加會報。到十八人，吳市長及陳訪先、谷正綱等先後報告渝市近況及黨務。餐畢，與果夫略談，並約甘自明到四組辦公室商中央設計局及八中全會事。三時回寓小睡，四時起。約唯果來談。閱六組文件，並補辦考績案數件。夜為委座起草致史大林、伏元帥、提摩盛科函，十時送呈。委座諭調芷町兼任他職。退與貴嚴詳商。至十二時寢。

2月3日　星期一　晴　五十四度

九時起。閱國防會文件，為設計局考核委員會開會日期，簽請委座核示。又為芷町奉調兼經濟會議秘書主任事，向委座上一詳函，請改以何孟吾擔任。十時往訪黃溯初於交通銀行，知連接兩天均未到，已改期矣。往信義街訪左舜生、陳啟天。舜生言，啟天已往鄉間。談中國文化研究所之計畫及參政會事。十二時歸，午後三時往謁委員長。繕就致史、伏、提之函，今日福爾根總顧問來辭別，即交其攜去。歸來閱六組文件，往嘉陵新村紀文家晚餐，為鶴皋接風也。本擬往赴設計局甘、陳兩副秘書長之宴，腹痛未果。九時歸，芷町來談，處理四組文件畢，十二時寢。

2月4日　星期二　晴　五十三度

八時卅分起。閱報並處理私函若干件。十時李立侯同志來談新聞檢查局業務及參政會之件。十一時聞有警報，敵機十八架入川境。十二時與雪艇部長往見委員長，談對英美宣傳事。委員長謂第三國際之政策在鼓勵中國抗日，而絕對不願中國與英美共同制日，此意宜使英美人知之。十二時卅分歸，發緊急警報，與鶴皋、唯果等談話。二時警報解除。午餐後與芷町續商經濟會議之件。小睡至四時五十分起。閱六組情報，並核定區黨部決議案。徐叔默次長來談電訓班事。甘自明君來接洽中央秘書處事。夜處理四組呈件畢，十一時就寢。

2月5日　星期三　晴　五十四度

八時十分起。九時陳博生君來談中央日報關於推銷、編輯及印刷材料之準備等事。十時譚平山先生來談研究理論之經過，並陳述對外交及黨的問題之意見，約一小時而去。為時已遲，遂不及去國防委員會。在寓閱報及英國情報部出版之宣傳刊物。午餐後略睡一小時。黃仁霖來，接洽新運總會諸事。今日心緒又甚煩亂，祖望作輟無恆，不重視紀律，甚感痛苦。下午無心閱辦積壓之件，看雜誌論文多篇，閱六組情報多件。七時偕允默往養花溪吳宅晚餐，文藻、冰心伉儷治饌相餉，並煮咖啡清談，至十時卅分始回寓。此會甚有意致也。處理四組文件，至十二時始畢。一時寢。

2月6日　星期四　陰　五十三度

八時二時分起。閱國防委員會文件。覆文白一函為掃蕩報事。閱區黨部會議錄，又致鶴皋一函。十一時方希孔君來談皖省政務教育與黨務，約五十分鐘。十二時往訪黃溯初先生於交通銀行，今日自港來此也。論國際大勢及敵我政情，雄辯滔滔，想見此老在民元國會議員時代之氣概也。一時歸，二時午餐，餐畢小睡至三時。覺畏寒，仍強起，赴軍委會出席聯席會報。為宣傳事又不禁發言三次。程、白兩副總長畢竟是軍人氣質，然卒亦容納我言。會未畢，到秘書廳處理文件十二件，七時卅分始歸。夜往見委員長，閱六組、四組文件，與芷町談組務，毓麟亦來

談。十二時卅分寢。

2月7日　星期五　陰　五十四度

八時卅分起。處理私函六緘。覆果夫函，為討論不必設置經濟專組事。審閱特種宣傳綱要原則，簽註意見十餘條，送還陶百川同志。又為參政會提案事，致季鸞一函。十二時到官邸謁委員長，有所報告。察其神色，殊覺疲勞，想近日事務太繁矣。十二時十五分舉行參事會談。郭、張、邵等分別報告，一時五十分畢，回寓已二時餘。小睡二小時，補昨日之不足。閱六組情報件後，八時到官邸，陪黃溯初先生見委員長。溯初健談殊甚，十時十五分始畢。回寓處理四組文件十八件。十二時卅分就寢。

2月8日　星期六　晴　五十八度

八時卅分起。九時吳鐵城、陳慶雲兩君來訪，談海外僑務及設置宣傳機構事。鐵城今日自港飛渝，六弟亦同機來渝，不見已三年餘矣，相敘極懽。十時卅分到秘書廳處理文件六件，約浦參事逖生、孟秘書十還談話，又與萬秘書君默談考核委員會事。十二時卅分後歸寓午餐後，秦組長振夫來談滇生病狀。今日下午因之未及午睡，但精神甚感疲勞。約唯果來談處務甚久。傍晚閱六組各件後，研究希聖之報告及秋原函告之意見。小睡一小時，至六時醒，精神稍復。夜與六弟略談，複閱蔣夫人文學獎金應徵文卷。處理私函並閱外交電多件。十時卅分閱四組文件。

十二時寢。

2月9日　星期日　陰、下午雨　六十二度

　　九時起。昨夜服藥兩丸，睡眠較深，晨起極勉強，但起床後精神頗爽適。閱雜誌數種及「第四國際支部」之宣言。唯果來談鄧尼斯將軍與我方商洽合作之情形及委座昨日夜間與居里二次談話之要旨。十一時始去。約張劍鋒來談，指定其職務，並確定其編入四組任事，極意箴規之。午餐後約成惕軒秘書來談，約卅分鐘而去。孫作人兄來談，知鶴皋患胃出血不止，病狀甚危，為電話吳市長介紹市民醫院。小睡至四時醒。閱六組情報約卅餘件。與陶百川兄談宣傳事。六時卅分溯初來訪，詳談經濟外交，至九時去。誦盤等來商鶴皋醫療事，即晚入醫院，恐已難治矣。閱四組文件六件，呈孟餘函。十二時寢。

2月10日　星期一　晴　六十度

　　七時卅分起。陳署長初如來訪。八時出席國府紀念週，與楊子鏡同志商專門委員會事務。九時舉行國防委員會常會，孫院長主席，議決案件二十六起。十時卅分散會到市民醫院訪鶴皋之病，見神志尚清，醫言已有轉機。適王世和君來訪，與偕訪院長，鄭重囑託之。途中遇謝鑄陳君，載與同歸，談二十分鐘別去。閱國訪委員會來件。午餐後秦組長來接洽秘書廳事務。小睡不酣，三時即醒。今日委員長正午見居里，夜餐時見卡爾，甚為忙碌。傍晚閱

六組情報十餘件，何公敢、范壽康來訪，談一小時。孟海、柏青先後來談。夜八時卅分芷町來處理公務畢，唯果來談外交。十二時寢。

2月11日　星期二　陰　六十度

八時卅分起。今日經濟會議例會，以事請假未出席。在寓核閱侍從室文件。覆大哥一電，為浙省田賦事。十時趙龍文君來談甘肅省施政情形及隴東、河西、隴南等近狀。謂隴南事最難處理，魯大昌部竟有在防區內放任種煙情事云云。閱呈外交電二件，知唯果病，甚念之，蓋彼月來實太勞矣，諸事不得不親理。與萬、鄧兩秘書商酌「分層負責制」、「政積交代表」及「考核委會職權劃分」等件，直至七時後回寓。滄波來談，告以復旦大學宜注意教授人選。晚餐後處理六組、四組文件廿九件。與六弟談。十二時寢。

2月12日　星期三　陰　五十六度

九時起。十時往謁委員長，知往中訓團點名，留函呈一件而出。至國華室內談話卅分鐘。指示以後呈閱公事之手續。蔣夫人今日自港歸，病體未癒，遂亦未往見也。午後閱關於考試院之案件，戴院長昨呈請辭職，顯為職權不專致生感觸。電話託騮先往為代勸。今日午睡遂不寧貼。三時起閱六組件畢，到四組一轉，檢閱手令，即往中央黨部商全會議題，到戴、段、梁、甘等五人，商談結

果，歸納為五條。五時偕季陶至寓詳談，牢騷之語娓娓不
休，殊無術以慰之。季鸞來談，晚餐後始去。夜公展來談
海外宣傳工作等事。十時後處理四組公事，閱黨務改進方
案。十二時寢。

2 月 13 日　星期四　陰雨　五十六度

九時起。閱報知歐局漸繁，南洋形勢亦日急矣。十
時往謁委員長，承命辦理關於與居里商談各事，歸寓以電
話及書函分別接洽，至午始畢。致雪艇一函，為參政員
事。午餐後小睡，未能酣暢。近日心思繁亂已極。批閱國
防委員會文件七件，有極複雜而不易解決者。本擬去秘書
廳，接考核委員會來件五件，遂中止不去。約芷町來寓，
商決處理之。自誠來，乃謂委員長欲余作新生活運動七周
紀念之長文。近日如此紛勞，何能作文字，頗覺悒悒不
樂。晚餐後再往見委員長，仍命作文補充新意。唐組長、
古秘書均來寓報告事務。處理四組件七件。十二時寢。

2 月 14 日　星期五　雨　五十四度

九時起。連日晏起成習，皆夜眠太遲之故也。十時
委員長召往談話，再度指示新生活紀念文中之新意，附帶
報告考核委員會事及秘書廳事務，奉諭應籌組康（定）昌
（西昌）旅行團，談卅分鐘歸。致季鸞一函，又處理私函
十餘緘。閱國防最高委員會文件七件。十一時卅分到秘書
廳，處理諸務，約王唯石、鄧翔宇、萬君默商公事，決定

技術人員管理辦法、分層負責制實施辦法等件。又以勸募
戰時公債一文交萬秘書改撰。二時歸寓午餐。餐畢小睡，
至四時起。以新生活紀念詞囑四弟起草初稿。校閱與英大
使談話錄一件，又繕呈情報一件。四時五十分黃溯初來
談，六時五十分去。文白來談卅分鐘。蔣夫人約往談婦女
會事，並商移地療疾事。八時卅分歸始得進餐。閱六組批
表，今日呈件則不及閱矣。十時卅分閱四組文件十二件，
與唯果談。十二時後為文白改文字，直至二時後就寢。

2月15日　星期六　雨　五十四度

八時醒，疲甚思睡，而神經緊張，不得已闔目寧靜
片時，復矇矓睡去，至十時乃披衣起。盥洗畢，致甘副秘
書長函一緘。十時四十分偕萬君默、陳芷町同往嘉陵賓
館，舉行黨政工作考核委員會第一次會議。委員長主席，
對考核工作有精詳之指示。訓話畢，先退。于院長主席，
討論考核辦法，保留原件，再付研究。即在賓館敘餐。二
時回寓小睡，至四時卅分始起。為季鸞代發一函。接力子
寒電，即覆之。自誠攜紀錄一份來，即為閱正。處理函件
十二件。實之來談，旋驪先來談約一小時。晚餐時九妹亦
來，今日家人群集甚熱鬧。夜處理國防會文件八件，讀百
川寄來小冊及三民主義週刊。十二時就寢。

2月16日　星期日　陰　五十四度

九時起。致唯果一函，討論週刊事。又覆文白一

函。閱國防委員會文件十二件、六組情報二十件、外交電
五件。並上簽呈三件，為請指定考核委員會黨務組副主任
委員及指定黨團指導人選。又致教部高等司吳司長一函。
十二時卅分午餐，允默以六弟來渝將行，設饌款之，飲酒
二杯。餐畢小睡，至三時卅分起。閱黨務改進方案綱要，
五時卅分畢。四弟已將新運七周年廣播詞初稿寫成，為之
修改。中間以芷町來，中輟三小時。核閱四組文件十五
件。十時後繼續改文，至一時完畢。二時就寢。

2 月 17 日　星期一　陰　五十七度

九時卅分起。以昨睡太遲，故今日未及出席紀念
週。起床後，複閱新生活運動七周年廣播詞稿。唯果來
談，敵人南進後之外交及我國戰後外交之預籌，並商三民
主義週刊各事，至十二時始去。中午積祚設筵宴六弟，約
德哥來同餐。飯後將講稿閱竣呈核。與四、六、七弟、九
妹在庭園攝影以留紀念。以批答戴院長呈文稿之要旨交成
惕軒秘書攜往秘書廳辦理。三時卅分小睡，至五時卅分
醒。實之來，報告今日中央常會情形。秦組長來，報告秘
書廳諸事。胡健中兄來，談黨務約一小時餘。七時後覺胃
痛不舒，未食晚餐。夜脫落齒根一枚。繼續修改講演稿，
直至一時卅分畢，始寢。

2 月 18 日　星期二　晴　五十五度

八時卅分起。委員長已赴經濟會議，遂未往談。近

日事益繁，夜眠益遲，真不知如何方可免於延誤也。閱報後，約四弟來，指示工作。甘自明來談中央設計局諸事，擬添補設計委員二十餘人，勸以暫緩，不覺言之過直。以電話指示秘書廳辦理急要件。滇生之病仍未癒，不得不親自兼顧。十二時往謁委員長，攜文稿歸。午餐後略加整理，即交繕寫，備今晚八時廣播之用。林彬來談浙江政務，為致電於季寬、墨三兩君（為營救鄭邁事）。修改主計會議訓詞一篇。約胡秋原來，談參政會事。聞亦有、羅剛來，均未見。冗忙甚矣。閱六組情報二十件。夜蕭秘書來談。處理四組件十一件、國防會件十二件。十二時寢。

2月19日　星期三　晴　五十八度

八時卅分起。盥洗畢，到曾家岩第一處，訪貴嚴主任。九時參加區黨部之新生活講演會，由立夫兄講演，至十時散會。往謁委員長，以將赴中央訓練團，未及詳談，遂歸寓。十一時以車約黃溯初君來談，對歐洲戰局之推測，頗多精到之見。十二時別去，午餐食帶魚及鯽魚，大哥所賜，自永康寄來者也。午餐後與默等談滬事，小睡至三時醒。閱六組情報十八件，發文二件。五時卅分委員長約往談，以與居里談話紀錄六篇交余詳閱，並命擬函稿。七時歸晚餐。餐畢，唯果來，為審定譯件，又審閱邵秘書譯件一件。處理四組文件十二件，起草致羅總統函初稿，成已一時卅分。遂寢。

2 月 20 日　星期四　晴　六十度

　　九時起。委員長約往談，以函稿及已核定之附件交下，命再整理。又交下核定之覆盛世才電稿。順便報告設計局各事。歸寓後以函稿寄顯光翻譯。又辦發批件數則。閱六組情報等卅件。十二時參加參事會談，郭、張、陳、王、邵諸人分別作外交報告。今日程天固公使來謁別，將赴墨西哥，委員長以照片贈之。歸寓小睡，至五時醒。處理私函約十九件。閱國防委員會文件十二件。晚餐後繼續工作，芷町攜來四組文件十餘件，為之處理畢。嚴陵孫君自浙來，到寓相訪，以事冗，不及與談也。十時後約六弟到余室，與之詳談工作。旋四弟、七弟亦來參加。一時卅分始寢。

2 月 21 日　星期五　晴、夜雨　六十度

　　九時卅分起。晨起太遲，工作委積，甚苦時間不敷。十一時鄧翔宇秘書來寓，處理國訪最高委員會關於縣政、保甲、縣財政、軍事兵役等繁重積案五件，指示以後工作之重點，不可將要案久擱。十二時卅分始畢。午餐後小睡一小時起。閱考核委員會之件。蕭自誠君攜講稿紀錄來，暫存待再核。作致士剛函又致希聖函，擬明日交六弟攜去。又託芷町為設法接洽農行匯款事。夜陶百川兄來寓，詳談三民主義研究會之工作及中央同志對黨務改革之意見。陶君去後，閱六組情報件，並呈委員長一函，詳述對中央設計局之意見。約六弟來話別。至一時卅分始寢。

2月22日　星期六　陰、夜雨　六十二度

九時起。今日六弟回港。委員長約往談話，命搜集此次提供居里之材料，寄宋先生。退歸寓，發邵大使轉提摩盛科電，祝蘇聯紅軍節。發財、交、經濟部代電。閱四組發文四件。十一時到嘉陵賓館，參加中央設計局會議。到設計委員十八人，列席專員等十餘人。委員長訓話歷一小時畢，甘、陳兩副祕長作報告，續舉行敍餐，與諸君談話後，二時卅分歸寓。小睡至三時卅分醒。顯光送來譯件稿，覺不甚妥善。約唯果來，囑其改譯。五時杜月笙君來談港地情形。閱六組情報報件十八件，批表二十件。夜電燈有阻礙，室內黯淡無光，且日來精神殊疲，遂於八時五十分就寢。

2月23日　星期日　陰　五十八度

八時起。閱國防委員會文件。萬秘書擬就「告同胞書」（為勸募戰時公債），閱之殊不愜意。甚矣，撰述人才之難得也。十時往交通銀行訪錢新之君，談交通銀行事及滬上偽券推行狀況。晤月笙于樓次，未詳談。繼至信義街訪陳啟天君，又與左舜生談參政會事，至十二時後始歸。曉峯來訪，談卅分鐘去。午後小睡至三時起。閱六組情報件十二件，去文三件。傍晚沈宗濂、顧季高二君來談甚久。晚餐後芷町來，處理四組文件畢，精神情緒均不佳，未作他事。與四弟等談話。十二時就寢。

2月24日　星期一　陰　五十八度

　　八時起。往國府，九時舉行國防最高委員會五十三次常會。孔副院長主席，討論縣參議會組織條例等件。戴、孫均先後發言，對此案極重視，結果延至下次常會再議。又為中國工業合作協會事討論甚久，卒將補助費預算通過。十一時卅分散會，與君佩及博泉先生等略談後回寓。唯果攜譯件來，為共同斟酌之。午餐後小睡至二時卅分醒。奉命約胡文虎等明日會餐，即為商定名單，分別辦發。疲甚再睡，至五時卅分起。閱六組情報十八件，核定區黨部文件三件。西北文化服務社陸覺先君來訪。夜處理四組文件，約秋原來談，修改為募債告同胞書。一時後始就寢。

2月25日　星期二　晴　五十八度

　　八時卅分起。校閱委員長十五日在考核委員會及二十二日在設計局會議兩次講演紀錄稿，多所刪改，直至十二時卅分始畢。午餐後徐可亭君來談。小睡未及一小時即醒。神經緊張不寧。接秦組長電話，知岳軍展期星期四日始來渝云。閱六組情報件十餘件。閱糧食會議訓詞，未及詳改，即歸還自誠印小冊發表。六時卅分往見委員長報告各事，在官邸與雪艇談參政會事。七時卅分委員長宴胡文虎、周道剛、羅鈞任各參政員及黃溯初、錢新之等。散席後，陪坐至九時卅分始歸寓。唯果來談，同商譯件。處理私函十四緘。十一時芷町來，處理四組文件十六件，閱

定訓電稿一件。十二時卅分寢。

2月26日　星期三　陰晴　五十七度

　　七時醒。精神未復，念尚有許多事未作，忽覺排遣不開，惱恨之至，不禁狂呼，且搥床掀被，此大有精神病之現象，幸尚自知勉力鎮定，平臥十分鐘後乃起。遣人覓省吾來，以抄件交辦，並呈委員長一函，蔣夫人一函（附譯文請改正）。至十時各事辦竣，並核定考績案，加特津者八人，嘉獎者五人，仲佳及祖望均晉為少校。十時卅分疲倦發冷，服藥再睡，至十二時卅分起，仍矇矓思睡，乃再就寢至四時卅分起。委員長為金融事有函一緘，命子猷抄寫，六時送呈之。胡秋原擬呈參政會開會日講演詞稿，為之修潤補充，至九時卅分完稿，即交謄膳，不及詳閱，然自信此文內容尚佳也。芷町來，處理四組文件十六件。今日來客均未見。十二時卅分寢。

2月27日　星期四　陰　五十六度

　　八時卅分起。今日病態仍未全癒，擬在寓略作休息，九時後將參政會講詞稿複校一過，再加改正，並將魏秘書長送來之政治報告一份併呈校閱。聞今日居里動身赴美，委員長或可稍閒，然各事已耽擱不少矣。自誠來談卅分鐘去。午餐畢，驪先來談參政會事。小睡一小時即醒，精神未全復。李孤帆君來，接洽節約儲蓄運動事。閱六組文件四十九件（內三件囑稍緩再送）、國防會件三件。五

時往訪岳軍於張公權之寓，彼今日自蓉城來，談別後諸事甚詳。唯果來，談黃、張、褚、左諸人對參政會開會之主張。晚餐畢，閱報小坐，洗澡，十時卅分就寢。

2 月 28 日　星期五　晴　五十八度

八時起。昨晚睡眠最佳，晨起精神全復矣。閱國防最高委員會文件五件、情報件十二件。十一時謁見委員長，聽黃、張、左、褚、張（瀾）、沈（鈞儒）諸參政員對於勸導中共出席參政會事之報告。岳軍、雪艇亦在座，談至十二時廿分歸寓。與驪先等通電話，午後小睡一小時，應蔣夫人約，到官邸談話。到敬之、驪先、正綱諸人。四時卅分到中央組織部，參加茶話會，到一百餘人。驪先、岳軍及余均有報告。黃宇人、孔庚、江一平、丁基實諸同志先後發言，季陶亦有演說。六時卅分歸，季鸞來談，旋王子弦秘書來，報告今日提案委員會之經過。八時卅分晚餐，芷町、唯果來談。九時卅分後為委員長再整理講詞稿。十二時就寢。

3月1日　星期六　陰　五十六度

八時起。盥洗畢，校閱講演稿清繕本，適唯果來，囑其送呈。九時偕唯果出席國民參政會開幕典禮，實到參政員一百八十九人，林主席及委員長均親自致詞，周參政員道剛致答詞，十一時禮成，委員長與胡文虎、酈炳舜先後攝影而歸。十一時卅分到官邸待談，今日約各省糧食會議代表，有所指示也。十二時舉行會報，鐵城、自明、恩曾、叔常諸人均先後發言。吳市長報告物價狀況。二時歸，小睡約兩小時起。發表電稿（與提摩盛科來往電）。閱六組文件卅件。傍晚季鸞來談。夜覺心思散亂，不復能作事，僅閱國防會件五件。十一時五十分。

3月2日　星期日　陰　五十五度

七時卅分起。八時與唯果同車至參政會議場，參加選舉會旁聽，選出總裁及張、張、左、吳為主席團。休息十分鐘，開預備會議，並聽取外交、經濟報告。十時卅分偕唯果先歸。閱定國防會文件十件，處理私函十一緘。午餐後小睡至二時卅分醒。委員長以改就之講詞送來，命即整理發表。四時到官邸，謁委員長，雪艇、岳軍等均在，為參政會問題及中共不出席問題有所報告。六時歸寓，閱六組件。晚餐後芷町來，處理四組件。盧局長作孚來詳談。十二時寢。

3月3日　星期一　陰　五十五度

八時醒，以昨服安眠藥二片又三分之一，甚疲，不能興，再睡至十一時許始起。遂不及參加紀念週及常會。參政會大會，亦未往參加也。在寓閱國防會文件及六組情報件二十餘件。午餐畢，曹谷冰君來談。旋滄波來談外間對國防會秘書廳之批評，其實乃一部分監察委員之意見而已。然余終不得不重視而加以反省耳。二時後又覺疲甚，再睡直至四時五十分始起。近日真疲憊極矣。秦組長振夫來，接洽戰時公債勸募事。六時委員長約往談，交下財政外交件多件，命整理後分別保存辦理。晚餐畢，辦譯件一份。唯果來談。處理四組文件十餘件。十一時四十五分就寢。

3月4日　星期二　晴　五十八度

八時起。今日仍覺疲勞，精神不佳。委座命擬茶話會致詞要點，以告國民書送呈之。並說明不易擬演稿，請酌量致鼓勵之詞。又轉上魏秘書長送來之件，若余有暇，必再為補充整理，然時間實已不及矣。發出電文五、六件，閱外交電多件。委員長命往談，謂明日將作一外交形勢與抗戰前途之講詞，囑搜集歷屆講詞備參考。午後小睡一小時。四時卅分往嘉陵賓館，參加勸募戰時公債之茶會，到三百餘人，情況至為熱烈，六時五十分始散。囑邵秘書準備明日講演材料。晚餐後承命代擬參政員之通電稿，以電話與雪艇商酌，覺措詞甚難合度。先將本室各件

辦理後，然後專心屬稿，至一時卅分畢。始寢。

3月5日　星期三　晴　五十八度

八時卅分起。整理昨晚所擬之電稿，並閱情報件。十時岳軍、雪艇來談。十時卅分同謁委座於官邸。驤先、立夫、季鸞、蘭友諸人亦參加，商談結果，電稿可不必提出，但委員長將出席大會作一次講演，即命準備講演稿，與季鸞商酌之，遂退出。至寓一轉，中午委座宴中央常委，前往招待。午後二時卅分散席，回寓小睡，未一小時即醒。四時季鸞來談，卅分鐘去。審閱軍事報告，修補一段，送還何總長。又將行政院所修正之施政方針送還魏秘書長。傍晚委座以手諭五紙下達，皆有時間性者，余一人何能同時料理如許事，不勝悵惘。委員長招待全體參政員之會遂亦不往赴矣。夜處理本室文件後，無力作他事。十二時寢。

3月6日　星期四　陰晴　五十八度

七時起。為委員長準備出席參政會講演中共問題之綱要，至十一時完稿，即交繕寫。岳軍來談近日所聞之情形。十二時到官邸，攜稿親呈。今日宴海外、粵、鄂諸省參政員，余參加招待，並同餐。餐畢，邵明叔先生有演詞，語重心長，信哉國家貴有老成人也。與雪艇等斟酌午後決議稿後遂歸寓。谷正綱、洪蘭友兩君來談。三時小睡，至五時起。參加參政會第六次會議，委員長出席致

詞，王雲五參政員等動議，不接受中共出席條件，仍切盼
其來會出席，一致通過。歸寓已六時餘矣。再謁委員長，
奉諭演詞應再整理。晚餐後芷町略談即去。處理國防會文
件十件，理私函十二緘。十二時寢。

3月7日　星期五　雨　五十八度

　　八時卅分起。今日精神散亂，與昨日情形完全如兩
人。委員長講詞之整理，先囑蕭秘書任之，然余仍思為別
起一稿，斟酌內容，構思甚苦。至下午一時後，始得起
稿，四時寫成四分之三。接委員長電話，乃往謁之。委員
長謂余近日太幸勞，可命蕭秘書整理清繕呈核。余請遲一
日發表，委員長諾之。交下財政件與居里談話，即退歸，
繕送孔副院長。傍晚閱六組情報十八件，與貴嚴、岳軍、
驪先電話中洽事。夜處理四組件，滇生來詳談。致大哥一
函，明日託嚴陵孫帶去。十二時寢。

3月8日　星期六　陰晴　五十八度

　　八時起。今日精神尚佳，九時立夫兄送來精神總動
員二週年紀念會長廣播詞稿，為修改增刪之。聞參政會中
對政府施政方針案甚表不滿足。本來行政院所起草者亦太
無精神，雖經委員長指示修改，然仍無精采，皆由中樞負
責機關太散漫之過也。午餐後接百川來函，論宣傳事。閱
六組情報件，並處理國防會件。下屆常會已請准改期至
十四日開會，囑秘書廳照此發通告。四時自誠來，以委員

長閱定之對中共不出席問題講詞相示，為之斟酌修改，即
送參政會秘書處發表。與岳軍、驪先通電話，並告季鸞以
起草宣言要點。夜為中國新聞學會撰文。芷町來談。十二
時寢。

3月9日　星期日　晴　五十九度

九時起以昨晚服藥兩丸，故晨醒較遲也。今日上午
參政會有大會，聞延安來電態度極惡，余以事未往列席。
十時驪先、立夫等來接洽選舉事，偕往官邸謁委員長，商
承辦理。驪先對雪艇頗不諒解，彼二人感情本惡，余亦無
法弭解之。回寓後將精神總動員之講稿再刪減一次，節去
一千八百字，以委員長之意謂簡短為宜也。午後小睡起，
閱六組文件及外交電數件。四時到嘉陵賓館，為驪先之姪
仲謀及束冠男女士證婚婚禮，簡單肅穆，證婚者季陶及余
二人，介紹人蕭冠華、戴家齊。五時禮畢，到參政會旁
聽，並與雪艇、季陶商文字。至七時卅分歸寓。夜無事，
為委員長寫休會次詞要點，但不能作深思。芷町來洽公
事。十二時寢。

3月10日　星期一　陰　五十四度

八時五十分起。昨夜未服藥，睡眠不佳。九時往謁
委員長，略談而歸。改曹谷冰一函。十時偕唯果到復興
關，參加國民參政會閉幕禮，到參政會員一八〇人，來賓
甚多。委員長主席，致休會詞，張伯苓讀宣言，莫德惠致

詞，十一時十五分禮成，歸寓。午後小睡起。岳軍來談甚
久。攜來李幼椿、魏嗣鑾函件，五時自誠來，為委員長修
改休會詞之紀錄，至七時發出之。晚餐後閱國防會文件十
餘件、外交電五件，處理私函十二件，簽呈委員長十五日
開考核委員會。滄波來談，心煩無意與之酬應。與四弟略
談後，十一時就寢。

3 月 11 日　星期二　陰　五十六度

九時起。為委員長再度修正精神總動員二週年紀念
之講詞。以奉諭示，將提倡科學技術與完成建國方略併為
一條也。公務冗沓，薄書亦煩，心神又不佳，真無力為文
字工作。今日官邸招待參政員，亦未赴會。午餐後騮先來
談甚久。詳述中央研究院情形。二時卅分始得小憩。四時
醒，為繕校人員不知節用紙料，又發怒一次，甚覺無謂。
夜起草致中央研究院評議會之祝詞，就院中送來原稿修改
成之。閱六組、四組各件，並國防委員會文件畢，就睡已
十二時卅分矣。

3 月 12 日　星期三　雨　五十四度

八時卅分起。今日氣候驟寒，因昨晚服藥，不能早
起，遂未赴總理逝世紀念會，亦未參加植樹典禮。閱邵毓
麟兄對於德國二月十四日提送艾登備忘錄之研究報告，約
一萬餘字。又閱胡健中兄等所送之改進黨務計畫，分別繕
抄送呈之。午後張曉峯兄偕張江樹（雪帆）、胡煥庸、孫

克遠（中大理學院長）、黃廈千諸君來談。三時擬赴精神
總動員大會，以委員長又將講詞發下修改，遂未去。五時
繕成清稿送往。夜閱四組件及國防會文件。江一平、胡健
中二君來詳談，直至十二時去。一時就寢。

3月13日　星期四　晴　五十四度

八時卅分起。今日中央研究院評議會二屆首次集
會，以事冗未往。閱參考消息及情報多件，研究特種宣傳
及全會應準備各事。十二時到官邸會餐，宴本黨參政員孔
庚等二十四人，席間總裁傾聽各人意見，並指示應加強本
身力量為最要。散會後，與雪艇略談歸寓，已三時矣。小
睡至四時卅分醒。改定童子軍總會十五周年紀念訓詞。約
毓麟來談。秦組長振夫及唐組長乃建先後來寓，有所報
告。九時卅分謁委員長，面陳要事，十時退。芷町來，處
理四組文件十件，閱六組件五十件。為委員長起草致中國
新聞學會祝電。一時卅分完稿，始就寢。

3月14日　星期五　晴　六十度

八時起。盥洗畢，赴國府參加國防常會第五十四次
會議。孔先生主席，報告甚詳，而討論事項只議兩案：
（一）縣參議會等案交立法院；（二）八中全會預算通
過。時聞敵機由恩施入川，發空襲緊報，遂散會。歸寓後
李唯果兄來談，出示論文二篇，覺其作文技術大進步矣。
十二時午餐，聞敵機窺蓉，被我擊落四架。二時解除警報

後小睡至四時醒。閱六組各件及國防會文件。傍晚季鸞來
談甚久。張曉峯來談，即留之晚餐。餐畢，芷町來報告經
濟會議諸事。往謁委員長，對全會事有所陳述。歸後萬君
默秘書來談考核委員會之件，商討甚久。十二時寢。

3月15日　星期六　雨　五十八度

　　七時卅分起。八時到國府出席黨政工作考核委員會
第二次會議，有討論而無決議。于先生主席，孔、孫、居
均先後發言，十時散會。與屬生、雨岩、君佩商今後考
核工作之進行方針。十一時卅分歸寓，開國防會文件。
十二時到官邸會餐。今日委員長宴中央研究院評議員，到
二十五人，甚盛會也。二時卅分散，歸寓略睡，四時起。
閱六組件。毓麟介紹王沛南來談，擬任用為六組書記，川
大畢業生也。七時略進晚餐，七時卅分偕曉峯往謁委員
長，談史地教育及浙東文獻之整理與邊疆地理等問題。偕
同進餐，與蔣夫人談文學修養。九時歸，處理四組件。
十二時寢。

3月16日　星期日　晴　六十四度

　　八時五十分起，未及早餐，即赴廣播大廈參加中國
新聞學會之成立會。潘公展兄主席，于、戴、果及梁、谷
先後致詞，余宣讀委員長祝電，並致簡短之詞。十一時禮
成，晤樂勸、執中、舍我、勁昂、壽昌諸人，皆京滬舊
友。握手談笑，至為親熱。十一時四十分歸寓，午餐畢，

小憩至二時卅分起。閱國際通訊二期。李幼椿來詳談，約
一小時餘而去。傍晚閱六組件及外交電多件。晚餐後忽覺
疲甚欲睡，已就寢矣，為四弟驚醒。旋張曉峯兄偕吳正之
及其友二人來，一為生物學家，一為人類學家，談一小時
而去。芷町來，小坐即去。整理委座交下各件，並補記日
記。十二時就寢。

3月17日　星期一　晴　六十四度

七時卅分起。閱報載美總統演詞，公開表示援華，
此必與敵人以甚大之刺激矣。八時到國防委員會，八時卅
分出席紀念週，對各職員講話，接見章、浦兩參事，與滇
生接洽公事，並偕滇生、振夫巡視廳內外一週，視察第二
防空室及檔卷存儲處，布置尚妥適，為之心慰。十一時卅
分歸，覆郭大使一電。王子弦同志來談八中全會事。午餐
後小睡至二時卅分起。為軍需學校卅週年紀念起早訓詞要
點，囑張秘書起草。顧執中君來談，願赴南洋。竺藕舫來
商浙大校務。曉峯來商「思想與時代」月刊進行計劃。由
辛來，留之晚餐，談別後兩年來情形。十一時就寢。

3月18日　星期二　晴　六十四度

八時卅分起。閱國防會文件，改定軍需學校卅周年
紀念訓詞。十時聞敵機有西侵模樣，十一時發警報，與學
素等入防空室，十二時許侵入市空，聞機槍聲極清晰，嗣
知小龍坎等處被投彈，一時卅分解除警報，即進午餐。餐

畢作函二緘，小憩至三時醒。四時參加中央設計局會議，討論三年黨政計劃，到設計委員十六人，六時散會。與甘、陳兩副祕書長商談設計局進行各事。七時卅分歸寓。今夜中央黨部同人在實驗劇院舉行勞軍公演，允默攜兒往觀之。閱六組情報約四十件，處理四組件四件。毓麟來談甚久。九時七弟、四弟來談，告我以憐兒離校之消息，為之愕然不解。一時寢。

3 月 19 日　星期三　晴　七十度

八時卅分起。擬往國防會祕書廳，詢知無重要事，遂未往。閱軍委會對七中全會決議案實施情形表，即送廳油印。並處理例案，核閱收發文表等各約十件。向午黃宇人君來談，擬辭黔省黨務現職，多方勸慰之。午飯時學素來共餐，餐畢，與談侍從室區黨部進行各事及本處工作情形，指示其自修之道。三時學素去，稍得休息。接公弢來函，知憐兒離校乃在旬日以前也。傍晚奉手諭二件，以一件（關於經濟者）送賀主任主辦、關於黨務者先錄底稿而研究之。芷町以病請假三日矣。夜自誠、唯果、實之來談。處理四組、六組件。十二時十五分寢。

3 月 20 日　星期四　晴　七十度

八時卅分起。閱情報及外交電多件。九時卅分聞有敵機西襲，十時發警報，入防空室，十二時解除。今日委員長約參政會駐會委員午餐，余未往招待。午餐後小憩至

二時卅分醒。校閱設計局之黨政三年計劃，攜往官邸親呈焉。三時出席八中全會提案委員會，到孔、孫、鄒、李、朱、王、甘、吳等諸人，五時卅分散會。閱六組情報件。七時閱四組呈件十二件，發文十八件。八時晚餐，餐畢乃建組長來，報告今日會報之情形。旋岳軍來訪，談旬日來中央政務，約一小時始別去。時間已遲，校閱國防委員會送達全會之報告，殊草草也。今日泉兒自蓉來。十二時卅分寢。

3月21日　星期五　晴　七十九度

八時卅分起。天氣驟熱，心思煩躁，骨痛大作，遂致影響睡眠。晨起之後，甚感精神不舒。九時卅分往謁委員長，以調整黨政關係（即加強各級黨部與政府之聯繫案）案面呈請示，並報告提案委員會情形。委員長正在批閱軍事報告，亦無具體之指示。全會將屆，時間迫使，此次提案勢必至匆忙凌亂矣。為之憂煩不止。退歸寓所，閱國防會呈件。午餐前與皋兒談話，餐畢小睡，煩躁不寧，再起服藥，乃睡至五時而起。王子弦秘書來談。閱六組呈件十七件，及外交電報。七時芷町來，其病仍未癒也。四組公事由余親自批核之。蕭自誠來談甚久，直至十二時始就寢。

3月22日　星期六　晴　八十二度

八時卅分起。發唁電兩則，一弔鄧孟碩之母，一弔

葉元龍之母，委座所電命也。百忙中猶不及慶吊之禮，其
周到處令人可佩。中央設計局送來建設理論及方案，附交
通工業計劃，其文字繚繞難讀，為修改之。翁部長送來國
防工業戰時三年計劃，為核閱加標點。吳鐵城秘書長來商
全會事。今日天熱，仍心煩不已。午後七弟來談外交，呼
匠理髮，小憩一小時起。閱國防會件，並處理公私函件
十四緘。擬起草開會詞要點，竟不能用腦。至傍晚天氣鬱
熱更甚，胸懷煩懣異常，形于詞色之間矣。天放來談甚
久。夜閱呈孔先生所擬田賦改歸中央整理徵收案。發洽老
一電。與泉兒、細兒詳談。十一時許就寢。

3 月 23 日　星期日　陰　七十二度

七時醒，藥力尚濃，矇矓不易遽興，又不能入睡，
勉強閣眼靜養，至八時五十分起。閱行政院七中全會後之
工作報告。十時季鸞來，談松岡歐行結果之預測，並出示
羅君來函，即為摘呈之。十一時往謁委員長，詢商全會
事。出至中央秘書處，與鐵城先生晤談而歸。午餐後小睡
至二時卅分起。閱國防會文件五件。四時熊天翼君來談，
不見將二年矣。謂余何憔悴如是，諄諄囑以保養之道。傍
晚閱四組來件。今日天氣轉涼，身心較爽適。本欲擬開會
詞要點，奉諭可不必擬，乘此稍為休憩，或亦未始非計
也。夜發郭、宋各一電，處理交下提案三件。仍服藥一丸
半，十一時卅分寢。

3月24日　星期一　雨　六十二度

七時卅分起。八中全會舉行開會式，八時前往國府參加，到會委員一五二人，總裁主席，並致詞。九時十五分接開預備會，推定主席團，並決定會期為七日，旋即散會。歸寓後閱呈國防工業十年計劃，並攜調整黨政聯繫案往全會秘書處，與鐵城秘書長商酌。鐵公委託余起草另擬，遂歸午餐。餐畢，以電話與盧滇生兄接洽明日政治報告之件。小睡至四時許始醒。自誠攜紀錄稿來談。旋滄波來談。核閱國防委員會之件。晚餐後芷町來談，見其病容憔悴，勸令休息。致孔先生一函，送去國防會重要工作摘述。八時後起草增進黨政聯繫案。十一時卅分寢。

3月25日　星期二　雨　六十度

七時卅分起。八時赴國府出席全會，聽取黨務、政治報告。組織部報告最為詳備。十一時軍事報告，余以事先歸。奉委座交下改進黨務建議書及建黨綱領等件，囑全會研究，並製成幹部培養之方案。午餐後略睡至二時卅分起。又奉交下戰時三年黨政計劃，命修改文字。三時往大會，與甘副祕書長接洽後歸寓，為之修改補充。六時甘君來，即交其攜去付印提會。傍晚季鸞來，未及與之接談。夜閱六組件及國防委員會文件，修改加強各級黨政聯繫案，明日送全會秘書處提會。接洽宴請中委事。實之來談。十二時就寢。

3月26日　星期三　晴　六十八度

七時五十分起。今日不出席大會，致吳秘書長函二緘，附去提案及研究件，又核呈組織部提案三件，簽註意見，呈總裁核示。十時奉諭擬製全民動員實施方案，約鄧翔宇、萬君默二同志來面授要旨，囑其擬具初稿。十一時唯果來談。十二時卅分往官邸午餐，到主席團各位及王外長、何總長、張主席與中央各部長等十八人，商討對于全會進行各事，至二時卅分始散。回寓小憩，至四時醒。為排列宴客日程及名單，費二小時之力，接洽就緒。傍晚處理私函九件，並閱國防會件。閱呈邵大使來電及截獲松岡電。夜芷町來。閱四組件四件。十二時寢。

3月27日　星期四　陰雨　六十八度

七時卅分起。八時赴國府出席全會第四次大會，聽取陝、川、鄂各省黨政報告，陳果夫委員主席，總裁亦到會。十一時卅分先歸，以加強黨務機關在軍、政及社會團體中之活動案送朱部長騮先。並閱外交情報各件。午餐後處理國防會文件畢，小憩一小時餘。四時出席宣言起草委員會，到十人，商定要點，囑余起初稿。六時散會歸寓，季陶來談甚久。七時卅分到官邸陪客，今晚第三批宴請各中委到十八人，九時終席。蔣夫人招往談話，十時歸。重慶大學葉校長偕訓導主任攜學生二人來談。旋與芷町商談公事。發邵大使電。十二時寢。

3月28日　星期五　雨　六十二度

八時卅分起。今日不出席全會，閱鄧、萬兩秘書所擬之全民動員方案，甚不愜意，亦無暇為之修改。九時約雪艇來，商擬對英國援華會年會（三月廿九日）致詞稿。十時謁委座，呈請核定，並報告全會宣言要點及中共對特別委員會覆電所主張之要點。十一時退歸辦公室，以田賦劃歸中央整理之提案附各主席所簽意見送財部。並發郭、邵大使電，及致王外長代電。在辦公室接見楊廣陶，詢「民主政團大同盟」事，談約四十分鐘。一時歸，設奠祭先二伯父之諱忌。二時午餐畢，小睡至四時起。閱六組文十四件。以經濟提案（遵諭略加修改）送賀主任。囑毓麟、叔諒分摘大事記。夜實之來談。十二時寢。

3月29日　星期六　陰雨　六十二度

晨八時起。今日上午未出席全會，核呈八閱月後歐戰及遠東大事記。承轉關於全會進行之手令三件。關於田賦案，得財部核覆，內容略加修改，即為轉呈。委員長招往談全會事，以柳亞子公然詆毀本黨，自毀黨員立場，命組織部提請全會議處。即至四組調全案送朱部長。下午赴大會聽報告，未及終事而歸。閱提案文及各組對工作報告之決議文，並草擬增設貿易、糧食兩部之提案，送孔先生閱，得覆贊同。夜準備宣言稿。十二時寢。

3 月 30 日　　星期日　　陰雨　　六十二度

八時起。為準備宣言，在寓搜集材料，上午特種審查會審擬三年建設計畫，未往出席也。今日忽覺牙痛不可忍，皋兒來家，為余準備鎮痛藥劑敷治之，始稍癒。此次宣言，經商定綱要，初以為起草尚易，然著手後乃覺組織文字之困難。上午未成一字，下午小睡起，齒痛更劇，仍不得不強忍屬稿。但齒牙與腦神經相連，愈構思則作痛愈甚，至晚十時卅分只寫成三分之一，異常焦急，乃致函孫、戴請另囑人起草初稿。十二時寢。

3 月 31 日　　星期一　　晴　　六十六度

七時卅分起。未幾季陶來訪，謂何以忽患齒痛。宣言稿待用甚亟，今日必須有一草稿乃可，因索閱已寫未完之稿，謂余文字中略帶疲滯之象，然大體仍謹整可用，何不一氣成之。余告以齒痛今日仍劇烈，萬不能勉強以誤事。八時卅分梁均默兄自會場來，奉孫哲生先生之命來視余疾，且願擔任執筆之勞，遂留彼與季陶在客室坐談，余則登樓擬全文綱要，以卅分鐘之時間草草寫成，即持交梁君等共商後，由梁君攜歸起草。約定下午七時前交稿。季陶遂留余處閒談，謂不如談往事，以消煩悶。十一時卅分季陶去。委員長以田賦案及經濟案交下，命送大會。午後小睡未熟，三時赴大會出席聽報告案及總裁訓話。六時卅分寓中來電話，遂歸，則均默以全稿送來矣。急就成章，用語措詞間有太生硬處，遂為悉心修改，未食晚餐也。至

九時卅分始閱改完畢，分交金、郭、黃三人繕寫，並與鐵城接洽，定明日午後開起草委員會。夜委員長約往談，知大會決再延一天。十二時就寢。

4月1日　星期二　晴　六十八度

七時起。以全稿呈閱。八時赴大會，九時歸。委員長招往談，謂此次宣言稿太空泛，對軍紀一段宜重寫，而其他各段則應再加刪節。攜歸再加整理，將建軍之理重加闡發，並就各段盡量節去其不必要之詞句，送呈委座閱定。下午二時出席起草委員會，今日幾全體出席，說明修改旨趣，諸人皆接納，仍略加修潤，即付全會秘書處油印。夜補閱侍從室文件。十時委員長再約往談，以對外關係一段不甚透澈，堅決再命斟酌，並授新意。鐵城亦在，即略談而歸。疲極思睡，苦苦構思，竟不能成，不得已置之。就床後仍不能入睡，二時後始矇矓睡去。

4月2日　星期三　晴　七十二度

六時即起。七時委員長約往談中央人事更動各事。歸寓將對外關係一段重寫，九時完稿。九時卅分命陳清送往會場呈總裁。十時赴會場，總裁已將全稿閱定，即送哲生簽字後付油印，仍續有修改，追加改正之。出席大會，繼續討論提案。李文範君主席，至十二時議案未畢，會中諸人覺甚疲，遂即散會。十二時卅分午餐，聞有敵機飛川偵查，遂未午睡也。下午三時繼續出席大會，決議以吳鐵城先生繼任中央秘書長，亮疇先生任國防最高委員會秘書長。總裁再致訓詞，對黨政工作改進之要旨作詳盡之指示。四時卅分討論宣言，對字句稍有更改後通過。六時卅分舉行閉會式，于先生朗誦宣言，全會遂閉幕。七時往嘉

陵賓館參加敘餐，總裁所約請也。與天翼、樵峯諸君談至九時卅分散，遂歸寓。與芷町談數日來積壓之文件，分別決定處理之。十時委員長再約往談，命檢呈約法一冊，對宣言再修改二語。十二時後就服藥就寢。

4月3日　星期四　晴　七十四度

晨八時起。全會畢事，心神稍為安閒。閱六組情報件十八件。核定上月第二處日用報銷及結束自身日用賬。余近月日用竟達九百元，薪津收入尚將不敷，誠不能不謀緊縮也。唯果來談周刊事及青年團事。十一時盧主任滇生、秦組長振夫來談國防委員會事，均表示求去，囑其照常負責。午餐後唯果再來談。二時午睡至四時始醒。想及國防會以後辦事之程限及手續，特招芷町來談。六時張公權部長來談交部常次事。夜核閱四組文件八件。十時後芷町去，乃服藥兩丸。實之來談甚久。十一時卅分寢。

4月4日　星期五　晴　七十五度

八時卅分起。聞委員長今日赴黃山，又復歸來，分批約見將領，雖欲稍休而不可得也。九時卅分方希孔來談，表示願在侍從室工作，且求見總裁。余憫其率直忠厚，不得不以二十五年以後總裁對彼之觀感直言告之，且勸以韜晦修省，不如在教育上努力。如工作有表現，則領袖決無不愛惜幹部之理。彼聞此言，轉覺釋然。可見有若干事反以開誠直言為佳耳。閱六組情報及外交電多件，處

理私函十二緘。午後小睡起，蔣夢麟先生來訪，談憐兒
事。傍晚天氣漸陰冷，有雨意。晚餐後芷町來談四組事。
委員長自黃山來電話，囑此時可作一個月之休息，免暑期
太疲勞。夜十一時卅分寢。

4月5日　星期六　陰雨　五十六度

八時起。改撰中國合作學社年會訓詞，即交繕發。
錢用和秘書來訪，言將延孟君某某為助理，囑在侍從室發
表一名義，余頗有難色。然以蔣夫人之故，又不便峻拒，
允以添一額外組員，庶與本室編制不相仿也。張彝鼎、黃
麟書來，均未晤。十一時後閱呈顧、郭大使來電，並辦發
郭電。午後三時擬訪亮疇先生，商國防會事，知彼無暇，
遂未果往談。杜月笙君來談港、滬兩地情形，亟思返港，
囑轉陳焉。六時到嘉陵賓館晚餐，約請熊天翼、俞樵峯諸
君，商賑屬糧食救濟問題。此席間詠霓、鴻生及余作主
人，以墨三未到，商談無甚結果。八時卅分歸，芷町來
談。旋王藝圃來談甘事。十二時寢。

4月6日　星期日　晴　五十八度

八時起。閱國防會文件及議事日程。又轉呈外電一
件，並檢呈十八年下半年、十九年全年之事略共九本。九
時卅分陳武鳴兄來，談軍官學校教育之現狀及改進意見。
十時卅分蕭化之秘書來訪，與之同乘，至李子壩後，彼乃
下車，余即赴高灘灣俞樵峯部長之宴會，商賑屬糧食救濟

事。路不熟悉，尋問許久，至十二時許始到達。今日宴客
三席，座中多重要將領，熱鬧異常。席間已二時卅分，余
飲酒微醺，稍覺頭痛，仍約各同鄉續商於別室，樵峯兄允
軍米中暫借若干濟急。商定大概後即歸。小睡直至五時卅
分醒。季鸞來訪，未晤也。夜苓西、由辛兩兄來話舊。
十一時後始去。閱六組、四組件各約十件。十二時就寢。

4月7日　星期一　晴　五十六度

　　七時五十分起。八時卅分到國民政府，今日紀念
週，由戴先生報告，余未參加。九時卅分舉行國防最高委
員會第五十五次常會，對鄉鎮造產辦法及保甲編整辦法討
論甚久。決定延至下次決定。又決議要案五件、財政案十
餘件，十二時散會。即至曾家岩官邸午餐。今日委員長宴
趙堯生先生及中央常委，楊滄白、程頌雲、徐可亭作陪。
二時卅分席散，歸寓小睡，至三時三刻起。閱六組呈表三
件。今日心思煩鬱，不快異常，皆因侍二處及秘書廳無得
力幹部，故頗有誤事之感也。五時季鸞來談內外局勢。六
時招望弟來切勉以重視職守。夜芷町、唯果、自誠來談。
發郭大使兩電、顧大使一電、邵大使一電，處理呈件九
件，閱情報件五件，辦簽呈一件。十二時寢。

4月8日　星期二　晴　六十度

　　八時起。修改七中全會時紀念週講演及國民月會講
詞各一篇，至十一時完畢。熊天翼君來，談中樞機構宜作

進一步之密切運用，以分領袖勤勞。謂將綜陳意見，以供
採擇，特來徵詢余之意見。談至十二時卅分始去。午餐
畢，已一時餘矣。小睡至三時，赴中央黨部出席決議案整
理委員會，整理財政、經濟、教育、黨務報告之決議案。
七時散會，與雪艇略談近事後歸寓。晚餐畢，閱六組件卅
八件，處理私函十餘緘。與岳軍通長途電話。九時芷町
來，處理四組文件十八件。十一時卅分就寢。

4月9日　星期三　晴　六十二度

　　八時起。今日天晴，而仍不暖，以多雲霧也。張季
鸞君來訪，詳談內外情勢，對宣傳意見，多所陳述。十時
到國防委員會，辦理要件，接見盧、秦、萬諸君，並約鍊
才秘書來商參政會決議案處理方法。決定本星期內召集會
議審查。十時卅分到儲奇門碼頭，陪同新之、月笙、曉籟
諸君赴黃山會餐，鐵城亦來。二時偕諸君渡江歸，小睡一
小時起。接閱委員長手令，多指示黨政各方面在全會後進
行事宜，並擬調毓麟任外部情報司工作。六時毓麟來談，
詳陳彼不願離去現職，此事甚使余為難，談未畢，季陶
來，詳談院務，滔滔不已。至八時卅分去始得晚餐。餐畢
公弢夫人來談，作一函致鶴皋。又與毓麟、芷町詳談，至
十二時卅分寢。

4月10日　星期四　晴　六十八度

　　八時卅分起。昨晚睡眠甚感不足也。四弟來談組內

工作之情形，以作事對人之要旨懇切告之。四弟待人太熱心，而忠厚是其長處，而於其個人則甚為事業之害也。十時賀貴嚴主任來，詳談經濟會議情形，意欲澈底改革，否則寧擺脫秘書長之職務。談至十二時卅分去。午餐畢，小睡一小時餘，至酣適。研究毓麟去留問題甚久，最後決以彼之意旨簽報委座。晚餐後自誠來談甚久，與芷町處理四組文件卅件，代批呈表十四件，為吳啟鼎事上簽呈。十二時寢。

4月11日　星期五　晴　七十八度

八時起。九時約唐乃建組長來談毓麟兄事，並聽取其昨日出席軍委會會報之報告。十時後辦發四組文件數件，閱國防委員會文件表冊，並將戴院長呈件簽擬轉呈。十二時到官邸謁委員長，並參加星期會談。今日到十九人，會談時間甚長。餐畢到四組辦公室，約見何淬廉，三時五十分始歸寓。小睡直至五時五十分醒。接國防會送來參政會決議案一百餘件。晚餐先閱六組件，次辦理四組呈件及發文二十件。覆郭大使、致邵大使各一電。閱參政會決議案。一時始寢。

4月12日　星期六　雨　七十二度

八時卅分起。續閱參政會決議案內政部份。十時竺藕舫先生來訪，以氣象研究所任務重要，擬辭浙大校長。談一小時而去。校閱國防會文件。十二時舉行黨務會談，

前往官邸出席,到十五人。與立夫、文白等商洽諸務,並將憐兒事面託可均兄。二時卅分散,在四組與芷町、唯果略談後即赴國防最高委員會,出席參政會決議案審查委員會。自三時至六時,審查約卅件,決定下星期二續會。六時卅分往交通銀行訪洽卿先生,未遇,乃至王儒堂處小坐歸。洽老及鄉友多人已在寓相候,即與洽老同至官邸,謁委座並晚餐。餐畢,送至新村渝寓,十時卅分歸。十二時寢。

4月13日　星期日　晴　六十八度

八時起。委員長約往談,詢問第五組工作及編纂事略事。又奉諭邵秘書應囑其就情報司長事,不可違命。歸寓後約四弟、叔諒商搜集雜誌,留心優良作者之工作進行要旨。發代電一件,要函兩緘。季鸞來,談外交甚久。十一時毓麟來談,詳切指示,並慰勵之。午後小睡甚酣,三時醒。讀國際通訊兩期,閱情報件。前日敵相近衛發表對內政外交談話,殊堪注目,疑松岡此行,必有所獲,故近衛談話對外部分大有控縱自如之氣概也。夜閱六組批表及呈件。芷町來,處理四組各件。又閱國民參政會決議案教育文化部分。今日工作不多,似提不起精神也者。十二時寢。

4月14日　星期一　晴　七十二度

九時卅分起。閱蘇日已締結中立條約,昨日簽字,

且附共同聲明，互相保證「外蒙」及「滿州國」之領土完整與不侵犯性。蘇聯與暴日勾結，至此程度，殊出意外。余以為四月十三日乃我第二之「九一八」也，慨憤之至。十時謁委員長，奉諭覆顧使電，昨日批示之稿可緩發。歸寓後與王部長亮疇約談，知外出未果。午後小睡，不入眠。心中憂結不能入睡也。秦振夫君來，以自認公債三五〇〇及募得公債三五〇〇交之。三時卅分軍令部參議鄭彰羣來訪。鄭為廣東汕頭人，京都帝大畢業，在軍令部研究情報者。鄭去後，毓麟來談甚久。傍晚訪王外長，知我國決定發表宣言，聲明蘇日共同聲明之無效。夜芷町來，處理四組文件十件，閱情報。十一時寢。

4月15日　星期二　晴　七十二度

八時起。遍閱各報論評，以大公、益世兩報最為警闢，而中央、掃蕩兩報以奉有中央訓令，只說明我外部聲明之涵義而已。余以為外交部聲明不能不概括而含蓄，若輿論則儘不妨直抒所見也。蘇日兩國訂立中立條約，原亦不足為異，然發表共同聲明，互認「外蒙人民共和國」與「滿洲帝國」之領土完整與不可侵犯性，在蘇聯有何非如此做不可之理由，真非吾人所能索解。此事在一般以為蘇之用意在對德，而日之義務在侵華之外，再繼以侵美，余之看法則以此為蘇日兩國公然向世界表示兩國皆以「中國政府」為必須打倒之敵人，因而必須聯合友好而已。對此種侮辱而不憤怒者，直非中國人也。卅年之「四一三」乃

是第二「九一八」，不雪此恥，即非黃帝之子孫。接邵大使三電，皆無重要性，不勝悶悶。午刻楊衛玉君來談勸募公債事。黃仁霖來談預算。午後小睡起，到國防最高委員會，三時續開參政會決議案之審查會。議未畢，接電話，至委員長官邸談話，交下事略一冊，頗以編纂者草率為憾。並面諭宣傳之要點。五時歸寓，閱六組件，辟塵來，為作介紹函。夜處理私函十二緘。閱外交電十四件。芷町來談經濟會議本日開會情形。驪先電商金九事。處理四組文十二件。十二時寢。

4月16日　星期三　晴　七十六度

八時卅分起。近日晨與甚難提早，以骨痛頗烈也。整理雜件後，李唯果秘書來談關於蘇日協定之所見，並出示其為中央日報所作告青年一文，為斟酌修改之。十二時王外長來談，對於駐英、駐法新大使人選應即徵對方國同意，以電話請示委員長決定之（顧少川使英、魏道明使法）。接閱邵大使、顧大使致外部電，均關於蘇日協定，專人送對岸呈閱。午後閱各報及近時雜誌多種。看六組件，甚費力。今日心思仍不寧定。夜為海外部人事簽報委座。閱四組呈件。十一時後就寢。

4月17日　星期四　晴　七十六度

八時卅分起。閱廣播消息及參考電，研究敵方今後之動向，深以英國將再屈服為慮也。今日旦文姨氏挈明、

樂兩兒先回老鷹岩山寓，允默暫留渝。午餐後，四弟來談甚久。接大哥寄來「論語時訓」，以時中之義，對魯論作一通貫之解說，闡明君子儒之意義及尊王攘夷之大義，讀之足以開拓心胸也。張齡來談，忮求之念不脫，殊可嘆惋。閱六組呈件批表廿餘件，處理國防會文件六件。六時孫鶴臯兄來訪，談四明銀行事。七時由辛來談特種經濟調查事。九時芷町來，處理四組文件。程副總長簽請執行聯席會報之決議，附簽呈核。並為左舜生簽請增發文化宣傳費與鐵城、果夫諸人通電話。商閩省局及海外部人事。今夜未服安眠藥，十二時寢，二時始入睡。

4月18日　星期五　晴　七十八度（午八十五度）

八時卅分起。昨晚睡眠極不佳，今日天氣驟熱，心煩不堪，而骨痛亦愈甚。閱敵人廣播及參考消息畢，唯果來談週刊事及本室職員應預為儲備事，至午始去。今日本擬去國防會，遂未往也。午餐後擬輓憲嵒師聯（二十七日在渝追悼），並為恕菴禮佛圖題記。小睡竟亦未能安眠。二時卅分張彝鼎同志來談綏遠事。三時卅分約唯果及李泰華、張恩田諸人會商三民主義週刊事，決以唯果兼任經理。夜滄波來談。處理四組文件，並閱國防會文件。十二時寢。

4月19日　星期六　晴　八十六度

九時起。今日精神仍不佳，氣候變動，每至初夏必

感不舒，年年如此，洵無可如何也。十一時委員長約往談
話，報告近日中央常會及國防會諸事。奉交下陳辭修對於
總裁言行之講演詞稿，囑為審閱。攜歸閱讀，覺內容尚精
審，但引用之言論或有與原詞相出入者。午後小睡起。僅
閱其半，即招蕭秘書自誠來，囑彼先為校閱焉。閱六組
情報件及國防會秘書廳所擬八中全會決議案處理意見。
夜處理四組文件，改訓詞一篇（校閱各軍事學校用）。
十二時寢。

4月20日　星期日　陰晴　八十四度

九時起。昨夜聞有鎮海失守之迅，今晨詢之，未能
證實，然敵人在浙海各口同時登陸，則其企圖可知矣。處
理私函八緘，閱外交電七件，並批辦區黨部中山堂辦法一
件。十二時到官邸陪客，今日委員長約中央執監常委商討
時局，對日蘇協定後之敵方動向交換意見。吳、戴、馮、
孔均有意見發表。委員長折衷之，以為我如有備，此約之
締結絕對於我無害也。敘餐畢，已二時卅分，與果夫、雪
艇略談而歸。小睡至三時卅分起。今日氣候稍涼，而有
風。精神較昨日為佳。薛農山來談編輯方針，詳為指示。
夜處理四組文件十二件，謁委座談一小時歸。十二時五十
分寢。

4月21日　星期一　晴　八十四度（正午八十八）

八時起。撰擬「為蘇日協定告各將領電」，故未參

加紀念週。聞今日馮先生講演極痛切，惜未獲聞。九時赴
國民政府出席國防最高委員會常會，討論要案為：

　　（一）八中全會交付政府機關處理之決議案；

　　（二）國民參政會決議案之分別實施（共一六一件）。

　　以報告所佔時間太長，故討論時匆匆畢事。十一時
五十分歸寓午餐，餐畢繼續撰擬告各戰區將領電，二時
卅分完稿交繕。小睡至三時餘。委員長召往談話，再命
就電稿內補充五點意見。侍談約一小時退。至第四組親
擬代電一則，為故師鍾先生請政府下令褒揚。並處理四
組文件。八時與芷町同歸寓晚餐。夜氣候甚劣，精神不
佳，未作事。十一時卅分寢。

4月22日　星期二　晴　八十三度

　　八時卅分起。照委員長之指示修改電稿。以重點有
變更，大部分均須刪減更易，故等於重撰也。費時三小時
乃始完成，約四千言，殊太冗長矣。然委員長所欲為各將
領言者，其廣博周詳，仍非此文所能盡也。午餐後閱各報
及參考消息，知寧波確已淪陷，心緒甚悲痛。小睡片時，
夢寐中似見敵軍入我郡城之東門，醒後猶有餘憤也。自昨
日起，患氣管支炎頗劇，飲食亦減少，服華達丸亦未見痊
癒，幸咳嗽尚不劇耳。浙境戰局日緊，不知金華如何。發
電致大哥，詢其遷移否。傍晚閱六組情報件，夜唯果來談
宣傳事。芷町來，談糧食問題。約四組呈件十二件，洗澡
就寢。

4 月 23 日　星期三　晴、夜下雨　八十五度

　　九時起。閱國防會文件十件，處理私函數緘默。聞曖兒患肋膜炎入北碚醫院醫治，已遣皋兒往視，甚念之也。十一時卅分鶴皋來寓，十二時與之同往砲台街見孔先生，報告四明行務。孔先生留午餐，余以事先歸。午餐後小睡，沈眠不能遽起，此氣候特殊之影響也。三時卅分張鐵君同志來談理論研究事。接委員長電話，命撰論文。五時寫成要點，往大公報訪王芸生君，囑其明日以社論發表之。聞羅斯福之子廿六到港，為之接洽飛機與招待事。七時卅分晚餐畢，閱六組呈見及批表，繼即處理四組呈件十五件。萬君默秘書來談國訪會事，約兩小時去。十二時寢。

4 月 24 日　星期四　陰　八十度

　　八時起。接委員長電話，囑擬致羅總統電，請其宣布援華軍器之整個總數。此電話居里轉達，即擬初稿約唯果來譯成英文。與成都通長途電話。十一時送請王外長閱定，十二時呈送委員長核定，於二時卅分發出。今日星期會談，論歐局及遠東形勢，為時特長，三時始畢。歸寓後將委座改定致各戰區及省黨部政府論蘇日協定之通電再度加以修潤，即交拍發。小睡至五時卅分醒。秦代組長來談國防會事。又閱六組文十五件。晚餐後神思又散漫不能集中，燈光殊黯淡，不能工作。四組呈件略閱大概，囑芷町辦發。十一時寢。

4月25日　星期五　陰　七十八度

八時卅分起。閱報紙及參考消息，又閱外交電多件。近日敵人對閩浙沿海侵擾甚亟，而川省糧食問題又亦見嚴重，詳見此後局面必日見艱難矣。十時洽卿先生來訪，長談滬、港情形及吸收滬上游資之方法，兼及傅筱菴附逆之經過。此老健談異常，約二小時始別去。季鸞來訪，以條陳外交意見一函囑為轉呈，兼暢述其所見。彼于時局憂思至深，午餐後再談一小時而去。小睡未熟起。閱情報並閱香港華商報，長江、韜奮均與筆政，明為共黨外圍之刊物也。傍晚皋兒來家，未與詳談。閱六組件。夜芷町來，閱四組件十四件。吳文藻、謝冰心伉儷來談。閱三民主義周刊。十二時寢。

4月26日　星期六　陰　七十四度

八時起。閱國防最告委員會文件。接委員長電話。命將敬日通電原稿檢送二份至黃山，即檢出託賀貴嚴主任帶去，並約自誠來，囑其密印五百份。據自誠言，周公集傳存置已久，恐日久廢敗可惜，囑其商正中書局經售。處理私函十二緘，發新聞一則，以鍾先生事略送中央日報登載。午後小睡一小時餘至醋適。與允默共同整理全會決議錄等件，又檢理參政會舊案而毀棄之。讀中央周刊及星期評論。夜閱六組件十一件，四組件二件。十二時寢。

4月27日　星期日　陰、下午晴　七十六度

八時五十分起。陳博生君來，談中央日報請充實設備事。十時何子星君來，談掃蕩報今後之工作方針，約一小時而去。十一時張季鸞先生來，談外交內政應注意之電，十二時卅分去。委員長約往談，交下宋君來電，為平衡基金借款事，囑分向孔、王接洽。午後二時到寧波旅渝同鄉會祭鍾憲鬯先生，稚暉先生亦親臨致祭，與諸同鄉略談，晤周采真君。三時歸，往訪孔先生及亮疇先生，均未晤。歸後疲極思睡，而不能睡。五時卅分盧作孚來，談糧食管理事，約芷町來共商解決辦法。七時卅分作孚去，閱六組件。夜核辦四組文，又擬發電稿四件。十一時卅分寢。

4月28日　星期一　雨　六十八度

八時起。今日天氣驟涼。八時十分赴國訪委員會，八事卅分舉行紀念週，出席講演，報告蘇日中立條約締結後我國應有之認識，九時卅分完畢。約盧主任來商公務，處理文件六件。又約吳鍊才秘書及萬君默秘書來談。十一時卅分回寓，閱本日參考消息。朱玖瑩來訪，由四弟代見。午餐後小睡，為時甚久。接委員長兩次電話，命接洽宣傳方面之事。發胡大使及宋子文先生各一電，又以余名義覆邵大使禡電。晚餐後閱六組文件十四件，處理四組文件十件。驪先來談內外時局。旋果夫來談中央黨部各事，並商經濟處辦法。十一時寢。

4月29日　星期二　晴　七十四度

八時卅分起。上午黨政工作考核委員長開第三次會議，以事未往，託盧主任滇生代表出席。在寓閱情報及外交電多件。奉委員長諭，研究宣傳指導及指定經濟理論刊物事。十一時聞敵機西侵，其時適孫桐萱總令來訪，談豫皖邊區工作甚詳，至十二時始去。即提早午餐。餐畢，唯果來，談中樞政治應注意之點。二時卅分午睡，半小時即起。出席教育財政兩專門委員會之聯席會議，決定中央氣象局辦法及預算。委員長召往談，交下十八年下期事略一本。往視國華與顯光，略談歸。閱六組件。夜君默、滇生、芷町先後來談，閱四組件。十一時卅分寢。

4月30日　星期三　晴　七十八度

八時五十分始起，今日檢討四月份工作之經過，實覺曠誤太多。全月除撰擬文電四、五篇外，其餘只是每日應付四組、六組之公事而已。國防會秘書廳此一月中僅去四次，出席會議亦不過五、六次，而每日仍覺疲累不堪。在四月初旬，委員長本有囑余休息一個月之議，以積件未理者甚多，遂覺不能離渝。其後蘇日中立協定成立，局勢更緊張，逐拋棄下鄉休息之念。然精神實頹唐不堪，尤苦每日睡眠不足，強自支持，終無成效。蓋每日能實際用心做事者，不過五小時而已。在去年年終，余尚未自覺為衰老，今則病象日深，勢將不堪振作。奈何！奈何！上午處理國防會文件七件，辦發私函十餘緘。助手不得力，一切

須親自為之，亦自己不能用人，不善支配之過也。午後小睡一小時餘起。鄧友德君來談，青年英銳，頗為可愛。彼將去港協助宣傳專員，以所見者詳切指示之。四時公弢自滇來，與之詳談璉事，仍無線索可尋，甚覺悶悶。以事約鶴皋兄來余寓，晚餐後始別去。毓麟來此，仍未與詳談也。閱六組件八件、四組呈文件十二件。心煩亂，恐不能睡，服 LUMINAL 一丸後，十二時寢。

5月1日　星期四　陰　七十四度

　　七時五十分起。往曾家岩參加國民月會，對侍從室同仁講演「當前抗戰形勢與吾人應有之注意」，約一小時完畢。回寓接見斯頌熙君，中政校外交系畢業第一期，為諸暨人，溫文而謙虛，論事亦尚有見解，惜其不諳日文，否則可備六組人員之選也。學素來談經濟管制等問題，實之來談中央黨部事。午餐後一睡竟達三小時之久，蓋昨晚服LUMINAL過量也。五時公弢伉儷來訪，留其晚飯，共談二小時，懂洽同去。蓋其來時頗有仳離之勢，得此結果，殊可喜慰。閱六組件，唐組長來談。夜處理四組件，芷町、公展來談。閱黨務八中全會總裁指示件，改婦女工作會議訓詞。十二時寢。

5月2日　星期五　陰、下午晴　七十三度

　　九時起。閱國防委員會文件及表十一件。報載敵人又以野村渡美，試測美國之反響，而赫爾則以冷淡視之。然蘇日關係仍極可注意也。十一時毓麟來，談其在外交部之工作情形。午飯後又續談一小時，彼意擬不離侍從室，而對情報司工作則主張積極，有以表現。觀其意態，似因工作改變略有失常者也。小睡至四時起，呼匠來理髮。徐學禹君來談四十分鐘。洽老來談一小時餘。晚餐後閱六組件。鶴皋來談。又處理四組件十件。十二時寢。

5 月 3 日　星期六　陰晴　七十二度

　　八時卅分起。九時到堯廬訪賀貴嚴主任，並出席本室會報。決定關於士兵訓練及衛生經費，與加強警衛監察各案。十時卅分散會到宣傳部訪雪艇部長，談宣傳業務及中央設計局各事。十一時卅分歸，聞敵機五十四架襲川。接公葰來寓，十二時發緊急警報，在地下室聞投彈聲甚多，知觀音岩、國府路、中三、中四路等處均有中彈者。三時警報解除，午餐後與唯果等略談（唯果住宅有損毀）。午睡甚酣，直至五時卅分始起。傍晚季鸞來談外交，詢蘇、美有無消息。閱四組文件六件、手令八件。至文白寓中訪天翼，與兩君談近事。至十一時卅分方歸，閱國防會件。十二時卅分寢。

5 月 4 日　星期日　雨　七十度

　　八時五十分起。與四弟談近時出版界情形。閱各報五四論文，郭沫若一文頗有號召力，本黨報紙所發表者實不及也。約墉伯、翼文、孟純三君來談編纂事略應注意之點，並以十八年七八、九十兩冊號歸還之。十一時滄波偕胡好來談，胡為胡文虎之子，主辦星島日報，此來特向中央請示宣傳方針。談至十二時始去。午餐後七弟來談，二時後小睡，三時醒。閱六組情報件。五時往訪季陶院長，承贈自書聯語。晚飯後歸，處理四組文件。至十二時就寢。

5月5日　星期一　陰晴　七十二度

七時卅分起。八時出席革命政府成立紀念典禮，由于委員報告。九時禮成，接開國防最高委員會第五十七次常會，對於非常時期違反糧食管理治罪條例討論特詳。戴、鄒、林主席、張厲生、孫科等先後發言，均趨向於不必頒布此項條例。余起而說明，發言時不免有過於激越之處。以戴太隔膜，而孔太不負責也。最後決定星期三召開全體審查會再付審查。十二時散會，約雲光到寓談話。十二時卅分午餐，餐畢閱報及國防會文件，小睡至五時始起。到四組辦公室巡視，與芷町談條例修改之意見。閱六組件。夜與四弟談。十二時寢。

5月6日　星期二　晴　七十四度

八時起。閱各報近東、遠東之消息及參考件。國際形勢變化至速，我國宜何以應之。衮衮群公似多自處於無權無責也者，殊可為大局焦慮也。研究宣傳會議之組織與職權。十時秦振夫、楊子鏡來談。上午開關於黨務工作方案之審查會，未往出席，在寓處理文件，精神終覺散漫異常。午餐後小睡二小時起。處理國防最高委員會文件十二件。其中考試院調整機構一案特為龐大，擬提常會。又處理各方函札十五緘，閱六組情報件十二件。七時四十分晚餐，餐畢七弟來談甚久。十時後處理第四組文件與芷町談經濟會議事。十二時卅分就寢。

5 月 7 日　星期三　陰　七十四度

　　六時卅分醒，七時即起，睡眠未足也。昨午夜二時有雷雨，故今日天氣陰晦，想他處尚有雨耳。以近日精神不濟之情形簽報委員長，使其知我疲憊，對工作積壓遲誤，祈望諒解。八時到國府舉行國防最高委員會，對於非常時期違反糧食管理治罪條例之特種審查會，全體常委均出席。經濟會議賀秘書長、軍糧總局嚴局長、軍法執行總監部何總長及處長一人，又全國糧食管理局盧局長，均被約列席。仍由孔委員主席，戴、鄒、林、馮、于諸先生先後發言，孫院長則主張先訂糧食管理法，而後再頒布治罪條例。眾論紛紜。經各主管人員說明後，最後決定大體通過，略加修正，呈委座核定。散會後復與王雪艇、徐可亭、賀貴嚴、盧作孚諸君尌酌，十一時十五分歸。唯果來談。午餐後小睡甚酣，至四時始醒。約盧主任來談，商酌修正各條文。五時三刻吳秘書長鐵城來，談海外宣傳及特種宣傳事。六時卅分去，王（兆榮）宏實君來談滬上情形及敵偽近狀。彼由滬返纔旬日也。八時晚餐，餐畢，與芷町同處理四組文件。又核閱六組情報文件。今日精神較佳。十二時卅分寢。

5 月 8 日　星期四　陰晴　七十度

　　八時卅分起。昨又服魯敏那丸，睡眠較深。九時卅分博生來談。十時卅分季鸞來，談蘇德關係及美日關係均極微妙不可測，惜我對日蘇情報太缺乏，無從判斷於機

先。又談經濟問題，良久而去。處理私函十一緘，與岳軍先生通電話。午餐後小睡至二時卅分醒。閱國防會文件。四時赴軍委會出席會報。六時卅分完畢，與滇生、振夫略談而歸。發表鄧翔宇代第一組組長，朱雲光補實第二組長。八時回寓晚餐，閱六組件，處理四組件。十時後閱吳鐵城先生整理之全會訓示，為梭訂之。十二時寢。

5月9日　星期五　晴　七十八度

八時起。閱報知敵犯垣曲，中條山之戰事大規模展開，然我衛將軍必能奮其英勇也。九時卅分糧食管理局副局長程遠帆兄來談，旋該局張樑任處長亦來，商談關於糧食治罪條例事。糧管局主再修改兩款，即與偕訪經濟會議賀秘書長，商定改正。十一時卅分歸寓，聞有警報，唯果、平遠來談，提早午餐。一時廿五分敵機入市空，在上清寺、菜園壩、李子壩、李家花園等處投彈甚多，來襲之機約有八十架。二時卅分解除警報，小睡至四時卅分起。閱六組情報及國防委員會文件。夜閱　委座手令多件，校讀而分發之。處理四組件。十二時寢。

5月10日　星期六　晴　八十度

八時起。閱國防會文件，處理私函十緘，致希聖及六弟各一函，託鄧友德君帶去。十時聞又有敵機來襲，十時卅分發警報，唯果、公弢來，平遠亦來美專街。十一時敵機入市空，在李子壩、浮圖關等處投彈。十二時卅分警

報解除。午餐後與公戮談話一小時餘，以其將歸滇，對此後作人作事懇切規勸之。二時卅分午睡至四時卅分醒。作函數緘，並函呈 委座告假，即收拾行李與允默同赴老鷹岩，擬作三、四日之休息。七時卅分到山寓，十時寢。

5月11日　星期日　陰雨　七十度

八時卅分起。昨夜十一時後大雷下雨，今晨未霽。九時卅分往一號小住宅訪楚傖先生，其病已癒八九也。談別來三閱月各事，約一小時歸。蕭副官、張副官先後來見，對此間秩序與治安囑其留心整飭。十一時訪鼎丞先生於三號小宅，室宇整潔，我家之所不及也。十二時午餐，餐畢，閱小說自遣。今日決心休息，不做事。三時小睡，四時起。鼎丞先生來答訪，勸余每日需以二小時看書，使此心有歸著，乃為養生之道也。夜與家人閒話。十時卅分寢。

5月12日　星期一　雨　六十八度

九時起。余每來山舍必值陰雨，殊為敗興。此次又連日下雨，不能出舍外散步，欲作事則心思仍不能寧靜，頗抑抑不樂。閱舊書自遣而已。午餐後小睡一小時起。蕭自誠送講演詞一篇來，所記毫無精彩，即為改正，著來人送回。年來委員長機務日繁，每有講演，事前均不獲充分準備，此全賴紀錄者為之細加修潤，盡去陳言，勿使有空疏冗長之感，乃為可誦。然自誠學力基礎既不足，而又輒

自滿，假不肯用心研究，余雖屢為詳改示範，而彼粗率性成，迄無進步。追念蕭生乃華在世，必不若此，殊可慨也。委員長以電話來詢公務員教員眷屬供給食糧辦法，謂「此星期必須提出具體辦法，如長此遷延，將不成其為政府」。此案今在財政、法制、經濟三專門委員會審查中，即作一函致滇生，囑其催詢，余亦不能久留，擬星期三歸渝矣。昨今注射葆生水，臀部作痛頗劇。傍晚，楚傖夫人來談。閱辭修所著 總裁言行講錄，不妥之處甚多。晚餐飲酒半杯，竟覺微醉，心緒愈抑鬱。九時服藥即寢。

5月13日　星期二　陰雨　六十六度

八時卅分起。竟日微雨，不能出門。午前在寓整理皮篋內之文件，自去年十一月以來，即未曾做澈底之整理，蓋事務既繁，心緒又不寧定，生活更無規律，今年四個月光陰，實等於虛擲矣。中午接委員長電話，以某事已囑王雪艇接洽，告余無慮，亦不知為何事也。午後仍小睡一小時餘，如此嗜睡，可見精神之衰已達極點。傍晚校改講演舊稿一篇，繼續整理外交文件，分類存儲之。至夜九時畢。注射防疫針，十時卅分寢。

5月14日　星期三　陰　六十六度

七時五十分起。天色陰沉，氣壓甚低。雖連日睡眠較足，而精神終不見暢適也。檢點舊篋，再度整理，益覺未辦之事紛雜百端，此心何日得以安閒乎。十時接唯果

來函，似有欲報告之事，而函內未詳言，想委員長日內必又甚憂勞也。送來周刊，交蕭副官藏之。午餐後小睡至二時卅分醒。雨已止，出舍外散步。到主席官邸訪鄧亞魂君，主席亦出見，談一小時餘始辭出。又往孟餘宅小坐，至七時歸。晚餐畢，與家人閒談。十時卅分寢。

5 月 15 日　星期四　陰、午後晴　六十八度

　　八時卅分起。與渝寓通長途電話後，九時卅分由老鷹岩乘車返渝（臨行時陳樹人部長來訪），十時卅分到達。唐組長乃建來，以何總長呈表一件，託其下午攜致。唯果來談前數日見客情形。約盧主任來，商公務員生活改善辦法。十二時後盧作孚局長來談，約一小時。一時卅分午餐，餐畢閱公務員生活改善辦法，小睡約二十分鐘起。即赴南岸謁委員長，報告日來各事，並面呈前項辦法。委員長之意，以為不如直接發米較為簡捷也。與蔣夫人談話。張公權、王亮疇兩部長來見。五時卅分歸，七時抵渝。夜處理四組文件，十二時卅分寢。

5 月 16 日　星期五　晴　七十六度

　　八時卅分起。其實六時卅分已醒，而終疲憊不能起也。蔣夫人囑撰「中國與民主政治」論文，囑四弟先為起初稿。九時擬往國防委員會，聞有空襲消息，遂未往。旋即發空襲警報。於平遠君來談戰局。十時卅分發緊急警報，敵機八十一架侵入新市區，投彈甚多。美專街前礮下

空地，落二彈毀草房六間。在地下室內聞落彈聲甚重。
十一時卅分解除警報，疲甚思睡。午餐時學素來談，與談
處理公事之分際，發言稍嫌太重。餐畢小睡不酣。午後忽
怔忡不寧，蓋已五日矣。閱國際通訊雜誌，處理國防會文
件十五件，閱六組公事十七件。夜芷町來，處理四組件
十一件。萬秘書君默來，談半小時。處理函札二十緘。
十二時卅分寢。

5月17日　星期六　陰雨　七十度

八時起。精神仍極疲憊，且有胃痛，其病在食道內
壁，食物下咽即作痛也。上午處理私函十餘緘，閱國防會
簽呈等件。蕭秘書化之來談。彼將往中央軍校任事，詢余
以做事方針，談一小時而去。十二時到官邸，參加黨務會
報，對治安及糧食問題討論甚多，並商救濟事業之進行。
午餐後奉批發公務員生活改善辦法，以若干批改處商芷町
分別決定之。回寓時百慮紛集，殊為不快。小睡未成眠，
三時五十分起。略事休息，即為蔣夫人改「中國與民主政
治」稿（四弟初稿），增加兩段，至九時卅分畢。滇生來
談。旋芷町來，處理四組文件，十二時寢。

5月18日　星期日　陰、下午晴　七十二度

八時起。今日精神較佳，閱六組情報件二十八件，
修改「空軍幹部會議（上星期開會）之指示與講評」紀錄
稿。全文約兩萬四千字，至十一時卅分校改完畢。與陳組

長希曾談話，商錢瑞麟、黃居中等之處分。十二時到官
邸，參加星期會談，至二時卅分始畢。與可亭談糧食問
題，並約立夫談話。三時卅分歸寓，略睡四十分鐘，即至
嘉陵賓館賀熊天翼嫁女（其婿高莽蒼軍校畢業，曾留學德
國，習經濟）。五時卅分歸，劉紀文次長來談。夜由辛來
談伯禎事。旋芩西來談。十時後處理文件，六組十餘件、
四組約二十件，繕簽呈二件。十二時寢。

5 月 19 日　星期一　晴　七十六度

　　七時卅分起。即至國府，八時參加紀念週，林主席
領導行禮，總裁亦參加，由孔副院長報告財務、經濟、行
政之設施，約五十分鐘禮畢。即開國防最高委員會五十八
次常會，通過要案五件，對公務員生活改善辦法案討論最
長，仍未通過，再付審查。並交軍委會對軍事機關職員並
擬救濟辦法。十二時散會，歸寓午餐。餐畢小睡一小時
餘。三時卅分起，讀大哥來信。閱國防會文件。望弟以私
函來請批辦。以無要事卻還之。今日心緒又不佳。毓麟來
談外交部事甚久。夜自誠來談甚久。今日起國華請假半
月。十二時卅分起。

5 月 20 日　星期二　晴　八十二度

　　八時卅分起。九時往謁委員長，初命電話接談，以
電話不清楚，故前往親謁。承命辦理關於：
　　（一）中央日報；

（二）各報軍事言論；

（三）託轉告公權勿赴港等事。

　　略談即退，往訪公展、雪艇兩君，各談三、四十分鐘。十時五十分回寓，聞敵機西襲，已發空襲警報，與唯果、平遠等談戰局，今日敵機襲成都，被我擊落一架，又在敘府、瀘州等處投彈，未入渝市空，然解除空襲警報時已在三時左右矣。略進餐畢，小睡直至五時始醒。約王芸生君來談對敵宣傳事。傍晚與四弟談話。閱雜誌及參考件。晚餐後與成都張主席通長途電話談一小時。處理六組及四組文件。今日六組件特多，芷町談一小時而去。十一卅分寢。

5月21日　星期三　晴　八十九度

　　八時卅分起。閱參考消息及敵人廣播，並閱國防委員會文件。十時聞又有敵機二十七架來襲，即發空襲警報，嗣知在梁山投彈後東飛，警報遂於十二時許解除。午餐後小睡至二時四十分起。今日精神似較佳，與允默通長途電話，詢山寓近況，並商防疫注射事。顧季高君來談約一小時去。滄波偕李組紳兩君來訪，以外出辭之。蓋工作尚多，不欲以見客自擾也。後陳宗熙君偕詹仲元、林智啟二人來見，兩人皆電訊班學員，奉派赴英、美兩國駐使館任額外隨員，特來請見，勉以篤實服務之道。秦振夫來談，閱六組件卅餘件、四組件八件。十一時卅分寢。

5 月 22 日　星期四　晴　九十二度

八時卅分起。今日天氣奇熱，當為本年入夏後最熱之第一天。余昨覺精神稍佳，今日乃又感鬱悶矣。十時張季鸞君來談羅覺僧來函事。彼謂戰事大計應相機揆勢出以主動，不可隨波逐流，將戰事目標放大，並一再以「度德量力」為言。談一小時餘而去。十一時發空襲警報，至下午三時始解除。聞敵機三批均在成都投彈也。午後天熱甚，閱雜誌五期，處理函札八件，閱六組件十件。夜處理四組文件十五件。十二時就寢。

5 月 23 日　星期五　晴　九十八度

七時五十分起。今日天氣酷熱，室內午後達一百度。上午讀大公報等論文，對十八集團軍責望其在黃河以北配合作戰。八時卅分到國防委員會秘書廳處理文件，與鄧、秦兩組長接洽業務，約吳秘書鍊才來談，又與浦薛鳳、吳文藻兩參事談話，章淵若喋喋多言，可厭也。十二時歸寓午餐畢，李仲公來訪，談彼此後工作事，意欲有實際之作為。三時卅分季鸞來，偕同渡江，往謁委員長，縱談太平洋、大西洋戰局之關係，退與唯果略談。七時乃偕同渡江訪寓。夜與七弟談話，處理六組、四組件。十時往訪貴嚴主任談經濟組事。十一時五十分寢。

5 月 24 日　星期六　陰　八十四度

八時起，閱參考消息多件及國防委員會文件。十時

法制專門委員會陳秘書次仲來，談關於審查生活改善案之
手續。十二時午餐畢，作函一緘。往訪何總長敬之，商談
軍職人員及軍官生活改善之方法，約一小時歸。委員長以
電話來補充對美忠告論文之意見，即函告季鸞。二時後小
睡，四時起。朱雲光、胡立吳兩君來談。七時鐵城先生來
談。晚餐後往訪亮疇先生，談國防委員會事。閱六組、四
組件後，十一時卅分寢。

5月25日　星期日　雨　七十二度

　　八時卅分起。今日星期，七弟皋兒、辟塵等均來
寓，群集四弟之室，然余實無心與彼等談話，蓋胸中堆積
之事太多也。研究侍從室設置經濟專員事，草擬意見一
件，補致大公報賀函。十二時卅分午餐畢，閱六組情報十
餘件。今日天氣較涼，正宜工作，然心思仍不能凝集也。
傍晚江絜生君來談，留詩稿一卷而去。晚餐後覆季鸞一
函，告以對羅不必作覆。八時往訪果夫，晤劉真如君，為
余談皖事甚急。余託果夫轉送溯中一函。十時卅分歸，閱
四組件。十二時寢。

5月26日　星期一　陰　七十四度

　　六時卅五分起。七時參加國府聯合紀念週。委座到
會而未發言，由陳果夫委員報告（題為水利與建國），八
時禮成。退歸寓所，黃伯度次長來訪，面遞許靜仁先生辭
賑濟委員會委員長之呈文，詳述衷曲，談卅分鐘而去。其

時忽發空襲警報聞敵機襲川,架數不明。唯果、平遠均來寓,與平遠談晉南戰局。十二時警報解除。午餐後小睡至二時卅分起。允默攜樂兒來省皚兒之病,未及與之詳談。處理呈件三件,又以批表一件送賀主任。四時張公權部長來談。五時國防會鄧、秦兩組長及楊子鏡君來商訂改薪級事,未決。夜閱六組、四組件,心思不寧。十一時寢。

5 月 27 日　星期二　陰　七十四度

八時卅分起,閱報紙及參考消息畢,念今後國事當極叢脞,而委座憂勞必甚於昔,此後關鍵全在行政院秘書長是否得人,遂作報告一件,條陳關於人事之意見。檢討中樞黨政軍各機關之情形,不覺言之太長,至正午方寫畢。與雪艇通電話商宣傳事。午後小睡一小時餘起,作私函一緘,陳述四個月來工作失職之經過,並自白違延之咎,擬呈委座,已盡五紙,繼念此舉無益,遂毀棄之而不呈焉。閱六組情報多件、國防會文件四件。孫鶴皋伉儷來,鶴皋與余談甚久,晚餐後始去。七時卅分約孟海來談,擬邀與共事,不知驤先允與借調否耳。十時處理四組呈件,十一時卅分畢。十二時寢。

5 月 28 日　星期三　晴　八十四度

六時即醒,猛省自身此半年來因循怠弛之情形,有心求全,無力自振,百感交集,不禁淚下,以致頭腦漲痛不已。八時起。處理私函十五緘,多半親覆之,十時始

畢。疲乏甚，再臥再起，徬徨不安，未食午飯，僅進餅乾
若干，牛乳一杯，以胃部亦不舒也。致大哥一函，午後就
床休息，僅合眼一小時。四時到十七號參加法、財、經、
教四專委會之審查會，審查鄉鎮造產辦法等案二件，七時
始畢。晚餐改食麵包四塊。處理四組件九件，六組件未閱
也。王法勤先生今日逝世，為委座發唁電。十一時寢。

5月29日　星期四　陰晴　八十四度

七時醒，即起，今日允默仍回老鷹岩山寓，鎧兒病
未癒，胸間積水尚有二、三百CC，但醫言已不必抽水，
故亦挈其同至山寓靜養。允默見余扶病工作，如此疲煩，
意欲勸余往鄉間休息數日，然亦深知我之任務不便離開，
亦不強勸。彼於公私之際甚明大義，余亦賴有如此之伴侶
也。閱報載，美總統二十七日爐邊談話，其措辭極審慎而
堅決，聲明美國決意維護南、北美安全及海上自由，且必
援助英國與中國。其對希特勒斥責甚為露骨，於暴日則未
置一詞。然海上自由一語，則引用之際，固可廣可狹矣。
美政府並宣布美國入於非常狀態，風雲之緊，可以想見。
午前處理交辦積件二件。十二時接委員長電話，命以五月
二日羅總統覆電抄送王外長，此電不在余處，向國華取得
而抄送之。正午往訪驪先，談一小時餘歸寓。一時卅分午
餐，餐畢小睡，至四時起。辦簽呈三件，處理關於教育文
化之件三件，發胡大使轉宗武一電，處理國防會文件八
件，夜處理私人函札十二緘。芷町九時卅分來寓，核閱四

組文件又約一小時餘。洗澡後，十二時就寢。

5月30日　星期五　陰晴　八十四度

　　七時起，睡眠實未足也。今日為陰曆端午。寄細兒一百廿元，發陳清節費二百元，各士兵、司機一百廿元。閱報載，歐美諸邦對羅斯福談話之反應，均以其不提及太平洋為可注意。德國表示轉為謹慎，然戰機爆發不遠矣。十時到國防委員會，與滇生主任商洽處理公事六件，並談本廳今後工作要點，十二時歸。午餐後小睡未熟，胡醫來注射 HOMBREOL 今日注射第五針。三時唯果來談，接新之一電，為月笙事，即呈閱。俞鴻鈞、龐京周來訪，均未遇。夜簽呈經濟專員室事，處理四組件九件。十二時就寢。

5月31日　星期六　晴　八十九度

　　七時起，閱報及參考消息，美國務卿聲明「總統談話中所指之軸心包含日本在內」，然美國僅作此姿勢，其大部力量聞將仍用於大西洋（艦隊有過巴拿馬運河西調說）也。九時侍從室會報，余主席，討論職員加入幫會者之處分案，十一時許散會。至五組視察房屋，回寓時學素在室，未談即去。孟海來訪。十二時午餐畢，接軍委會議覆加公務員生活改善之公函，午睡醒後，約滇生來談，囑其即轉法制專委會辦理。月第六組表報呈件十八件，承轉手令七件，撰擬人事行政訓練班畢業訓詞。傍晚步霞來訪，

不見且十年矣，約一小時餘去。晚餐後實之及七弟來談，
核四組發文，與芷町商人事。十二時廿分寢。

6月1日　星期日　晴　九十二度

　　七時起。覆允默一函，託實之寄交之。九時孟海來談，擬約其到侍從室兼任秘書職務，致函驪先，商工作時間之分配。十時鶴皋來談，余方核改講詞，未及與之酬應。十時卅分發空襲警報，敵機二十七架自鄂來襲，在市內投彈頗多。十二時十分警報解除，到官邸參加星期會談。斌佳、子纓報告殊詳備，二時卅分始餐畢。陪客談話，又與可亭、立夫商公務員生活改善辦法，三時卅分始歸寓。登床便睡，至五時三刻始醒，誠酣臥矣。俞鴻鈞次長來訪，談一小時餘。晚餐畢，閱六組件卅件、國防會文件五件，又處理四組件十五件，改定政工會議訓詞。十二時就寢。

6月2日　星期一　晴　九十二度

　　七時起。即往國府，七時卅分舉行國防最高委員會第五十九次常會，討論考試院調整院部會之組織案。決議原則大體通過，交立法院審議。又決議法案四起、特任案二起，九時卅分散。聞敵機二十七架由鄂西飛。與陳樹人、王雪艇、孫哲生諸君談話後即歸寓。十時五十分敵機入本市市空，轟炸臨江門等處。唯果來談。十二時解除警報。閱今日各報披露郭與赫爾之換文，遍閱評論，益世報為最佳。二時後午睡，至四時卅分起。唐鴻烈秘書來談。閱六組呈件十餘件。皋兒及澤永均來，與之談話。夜驪先來訪，談一小時而去。與岳軍通電話。今日四組公事只二

件，但芷町仍來寓談話，語多抑鬱。十二時餘就寢。

6月3日　星期二　晴、大風、傍晚雨　八十二度

七時起。擬改文字。蕭自誠來談四十分鐘。今日本室舉行月會，請假未出席，處理函札數緘。九時洽卿先生來訪，談西北建設及彼擬號召投資之旨趣，並談魏伯禎君事，十一時始去。余覺精神疲甚，不能做事。午餐畢，小睡，胃部不舒，二時卅分起。閱六組件二十九件。程滄波來談，決定赴香港，勉以此後服務之道。五時熊主席天翼來談，言將於五日赴贛。今日謁見委座，備論中樞政務，此後宜以政情隨時宣達於地方官吏云云。約談一小時餘而去。以談話過多，覺心臟跳躍殊甚。晚餐後偃臥休息。四弟來談。十時芷町來，處理四組件。孟海來談。十二時卅分寢。

6月4日　星期三　陰　七十七度

七時卅分起。精神仍疲憊也。作函四緘。閱國防會文件，並修改對海外黨務工作人員之訓詞紀錄（在黨政訓練班所講者）。交通銀行湯筱齋君來談行務及一般幣制問題。沈參事宗濂送來關於平準外匯之意見，其議論甚為明通。十二時卅分午餐，聞委員長在官邸（約總顧問午餐），未及往謁。午睡至三時起。簽請發盧、陳之特別費。三時卅分出席法制、財政、經濟三專門委員會之聯合審查會，審查公務員生活改善辦法。軍委會由陳良出席，

討論甚久，直至七時卅分散會。到文白家晚餐，為天翼餞
行也。十時歸寓，閱天翼所擬之三民主義文化運動實施
綱領與模範黨員及力行隊兩文。對於三民主義學術化，
余之見解與彼略異，即作一函論其意，以原件送還之。
十二時寢。

6 月 5 日　星期四　陰　七十六度

六時五十分起。閱報及參考消息後，並核閱文件十
餘件，覆賀子昭函。四弟編擬委員長幼年軼事及家庭環境
（應小學教科書編纂委員會之請），為詳閱核改後送李清
悚先生。核定上月份第二處報銷。十時忽覺疲憊異常，不
能支坐，就床小憩，然亦不能合眼也。十二時進餐後，
注射第三次防疫針及 HOMBREOL，睡至五時起。唯果來
談，旋芷町亦來。六時卅分發空襲警報，敵機三批襲渝，
中宣部房屋被炸，十一時卅分始解除。在昏暗之燈光下閱
四組文件六件。十二時卅分寢。

6 月 6 日　星期五　陰　七十六度

六時三刻起。近來夜眠雖遲，而清晨必早醒，幸下
午尚能補足睡眠耳。盥洗後閱私函十餘緘。接大哥來電，
知近況極艱，又以四姪將他調，身伴將無人將護，為致函
農行當局，請免調焉。十時虞洽卿先生偕霆銳、孤帆等來
訪，先延虞上樓談敘後，再與諸人周旋約一小時。午餐後
閱六組件十五件、批表八件，又核閱國防會文件八件。四

時本擬去黃山，以事不果。到國防委員會。五時偕洽卿先生晉見委員長，談四十分鐘。洽老復至余室談一小時，殷勤握別。彼明日將飛港也。與滇生、振夫、和九談事。夜芷町、乃建先後來，接四組文二十件。十二時就寢。

6月7日　星期六　晴　八十二度

七時卅分起。今日洽卿先生赴港，余晨起已遲不及往送也。九時卅分季鸞來訪，商洽本年七七文告之要點。彼主張最好合併為一篇，或對內發一訓令，而對外則發一簡單之談話。又談戰時政治應有一新面目以攬人心之表示，談一小時餘而去。閱國防會件七件，處理私函八緘。午餐前有警報，敵機分二批來襲渝市，至三時始解除警報。四時到第四組，承委員長命，辦命令稿，為五日大隧道慘劇之處分案也。四時卅分偕陳霆銳君同見委員長，談十五分鐘。五時卅分歸寓（敵機第二次過鄂來襲，但未入川境）。夜辦發命令。蕭生自誠來談甚久。十二時就寢。

6月8日　星期日　晴　八十六度

七時卅分起。閱報畢，往陶園訪季陶，以彼昨來電約，今晨又電詢也。縱談當前抗戰局勢，謂日本之失敗定矣，而中國能否收此勝利之果，則看吾人之做法為準，並力言政治之弊，民困之深。凡二小時始得辭退，回寓後猶有餘慨也。季陶近來憂國甚深，而好為置身局外之論，實際論地位、論責任，彼均可痛切向當局陳言，對於此點，

余竊惑焉。十二時到官邸，參加黨務會報，討論大隧道窒息案善後，二時卅分散會。今日參加諸人中，僅養甫沉默未發言也。午後小睡至四時起，閱國防委員會文件、第六組呈件。夜見客三人，處理第四組件。十一時卅分寢。

6月9日　星期一　陰、夜雨　七十九度

六時五十分起。到國府參加紀念周，王部長報告外交後，總裁訓詞，八時卅分完畢，即與四弟同回寓，約周惺甫部長來談內政部各事，對行政院頗有不滿之詞，且露辦事困難之意，長談一小時餘而去。學素來詢其工作情形及生活狀況，留與午餐。餐畢，四弟來談。小睡一小時餘，四時起。自誠攜講稿來請示，告以今日訓詞不必發表。繼蕭化之兄來，談將赴成都，任軍校政治部事，特來謁別。共事六年，今將分袂，不勝黯然。化之識解深穩，惜學力不足，勉以在軍校做訓政工作應以訓導者自居，導諸生於篤實。滄波來談卅分鐘。夜毅夫、楚狂、湘女來訪。閱六組及四組各件。十一時十分寢。

6月10日　星期二　陰　七十六度

七時十五分起。今日又感睡眠不足之苦。頭腦昏沉散漫，思慮不能集中。修改星期一講詞紀錄一篇，作而復輟，至下午始畢，其憊可知也。何方理君來訪，告以處事接物應有分際，勿太簡單如昔年也。午餐後小睡起。閱國防會文件五件，頗費推敲。閱第六組文件十八件。中政校

在浙服務同學會獻龍泉劍一柄，金平歐代表賚呈，余於處
內代表委座接受之，並勉以服務與修養之道，便詢浙江情
形，談一小時餘去。毓麟來談甚久。孫希文君亦來談。今
日談話又太多。晚餐後澤永甥來談甚久。閱四組件十二
件。十二時寢。

6月11日　星期三　晴、夜雨　八十度

七時起。與四弟談青年訓練。九時蕉嶺徐白光君
來，為謝晉元團長請題字。十時到中央黨部，出席八中全
會決議案督導委員會，到白健生、陳果夫、張厲生及余四
人，待行政院蔣廷黻處長，久不見來，十一時開會，十二
時畢。回寓午餐。有警報，敵機三十六架來襲渝郊，未入
市區，三時卅分解除。四弟今日去黃山謁委員長。余疲
甚，小睡至六時。程遠帆副局長來訪，閱六組呈件十八
件、四組件四件。夜芷町來談。十一時就寢。

6月12日　星期四　陰、夜雨　七十六度

七時卅分起。閱國防最高委員會文件五件、參考消
息等六件，處理函札十二緘。八時卅分盧滇生君來談，商
廳務約一小時。以電話與允默通話，囑其暫緩來渝，以余
近日徬徨煩鬱之狀，不欲令其見之，以增其憂也。徐慶譽
君來談在湘擔任行政專員之工作，並言巡迴宣傳之重要，
十一時卅分始去。四弟來談工作。午餐後小睡至二時起。
搜集材料，擬撰七七紀念文告，然心思不能集中，此境至

苦。本思寫定要點，卒至一言未就。遍閱去年文告一過，
傍晚休息。唐組長來談四十分鐘，晚餐後處理六組文件
二十件。九時芷町來核閱四組件十四件，為公務員生活改
善辦法案簽請委員長核示。此案牽動國家預算甚大，擬下
星期提常會，終不得解決之策也。洗澡畢，十一時就寢。

6 月 13 日　星期五　陰、下午晴　八十二度

六時卅分起。閱國防最高委員會文電五件，核閱區
黨部紀錄等四件。盧主任滇生來，商定國防委員會之薪級
改訂表，談約一小時而去。自誠送來所擬訓詞一篇，閱之
殊不能用。十時後大感疲憊。今日精神特別不佳，起臥不
寧，至感痛苦，自十一時至下午四時，幾不能片刻支坐，
周身疼痛，思慮抑鬱。五時奉手令交辦之件甚多。以急要
件（綏靖、財政）會議訓詞要點交唐、陳組長辦理之。閱
六組件。沈宗濂來訪。夜十一時寢。

6 月 14 日　星期六　晴　九十二度

六時卅分起。今日精神似較健適。閱報及參考消息
後，撰中央軍校十七週年紀念日訓詞，即電成都陳教育長
代為宣讀。核閱第六組件，又核呈綏靖會議及財政會議訓
詞之要點，均十二時以前送出，可謂不愆誤。正午有空襲
警報。午餐後小憩未成。二時五十分敵機來襲，四時解
除。小睡卅分鐘起，閱舊書自遣。七弟、皋兒來。晚餐後
誦盤來為余視眼疾。十時滇生、芷町先後來，處理四組文

件十八件。十二時始寢。

6月15日　星期日　晴　九十四度

　　六時卅五分起。閱國防委員會文件，改訂中央政校十四週年紀念講詞（五月卅日）一篇。為四弟修改紀念詞（婦女指導會三週年紀念）一篇，蔣夫人所囑也。發函四緘。與雪艇在電話中商七七紀念文字之要點。至十一時休息。今日精神稍佳，上午作事三小時餘，不覺甚疲也。十二時發空襲警報，敵機來襲通遠門等處，二時卅分解除。小睡至四時醒。天時悶熱而潮濕，甚感鬱悶，讀書自遣。閱六組件十五件。唯果、誦盤來談約一小時而去。夜徐寄頑君來訪，旋果夫來談甚久，十時卅分始去。芷町攜四組文件十六件來，為處理之。十二時洗澡後寢。

6月16日　星期一　陰、微雨　八十七度

　　六時五十分起（五時三十分即醒）。七時卅分到國防委員會，八時參加擴大紀念週。今日全國財政會議及川省綏靖會議同時舉行開會式，林主席及委員長分別致詞。李石曾先生昨日回國，亦參加焉。九時舉行國防最高委員會第六十次常會，通過非常時期公務員生活改善辦法等要案七起，又財政案十四件，十時散會。有空襲警報，以渝市天陰下雨，故未竄入，聞忠縣等處被投彈云。十一時解除警報，十二時到官邸，參加行政院各部長官及經濟糧食主管人員之會談，一時開始，二時餐畢。即歸寓小睡一小時

卅分。四時出席中央黨部關於改進黨務方案之審查會（哲生主席）。六時回老鷹岩，七時到達。十時卅分寢。

6月17日　星期二　陰、晨大雨、夜大雨　八十度

六時醒。枕上聞雨聲甚大，約一小時許始止。七時五十分起，詢知田中之水尚未霑足也。蕭副官來見，囑以一切需勤慎。十時後研究三民主義文化運動之件，係熊天翼之條陳，所見不無偏宕之處。總裁以為可作綱領，實猶待於斟酌。午餐畢，小睡一小時，甚悶熱，氣壓甚低，電燈匠王阿毛來，此為山中同鄉且鄰居也。傍晚偕家人外出散步，觀所種園蔬雜糧尚暢茂，過丁先生宅，適在門首閒眺，與之寒暄。未幾黑雲四合，乃循主席花圃而歸。大雨傾盆，至夜十時尚未止。十一時就寢。

6月18日　星期三　陰、下午晴　七十八度

八時五十分起。接渝寓電話，今日中午委員長約見徐寄廎，囑余陪同往見並午餐，遂命備車，擬即返渝。旋又接電話，知已改命李秘書作陪，乃中止。此來本欲休息二、三日，亦不擬多住，然仍無法安心小住也。閱一年來之文告彙輯及外交文件摘錄，為起草七七文告之準備。午餐畢已一時，午睡約一小時餘起。天時又悶熱，無心伏案。往訪楚傖，詳談中樞黨政及文化工作，約一小時餘始歸。夜研究文化運動，繕簽呈一件。十一時卅分就寢。

6月19日　星期四　晴　九十二度

七時起。早餐後楚傖來，談約卅分鐘。八時五十分動身自老鷹岩回渝，挈皚兒同行診病，車至牛角沱，汽缸有阻礙，不能行，改乘洋車歸寓，已十時二十分鐘矣。此次到山中靜養兩日，未見如何功效，以事繁乃不得不先歸耳。望弟患風塊，且有瀉疾，諸務不免積擱。與四弟談工作。午餐後小睡起，忽患後腦右偏疼痛，甚不舒。閱第六組件二十餘件、國防委員會文件十一件。傍晚滇生來談，熊主席哲民約其赴陝，竭力慰留之。夜孟海、乃建來談。十時芷町來，處理文件。十二時寢。

6月20日　星期五　陰、夜雨　九十度

七時十分起。八時張淮南君來談。九時鐵城先生來，以後方督導團經費案之批表面交之，並談隧道案審查等經過，約一小時去。十時同茲偕公弼來談，甫自滬港來，與之不見四年餘矣。談滬上近事及別來情形，十一時始去。有空襲警報，敵機九架窺渝，中有戰鬥機，至二時始解除。午餐後小睡一小時醒。四時蕭青萍君來談戰時土地政策。接委員長電話，命蒐集總理關於土地與糧食之遺教。自誠來，將財政會議訓詞送余校閱，心煩未及詳改，即付發表。夜與岳軍、亮疇通電話。孟海來談。十時處理四組件。十一時卅分寢。

6 月 21 日　星期六　雨　七十六度

七時起（仍六時以前即醒）。補記日記，作私函三緘。手顫不能書，神經之疲極矣。十時滄波來談隧道案及彼自身之行止。閱六組件。十一時唯果來談近日見客情形，午餐後去。余今日上午疲煩實不可名狀，較之昨日似又過之，休息亦未入睡也。四時後稍瘥，閱國防委員會文件七件，處理積疊函件十一件，六時後乃覺精神稍佳。約毓麟來談，蒐集遺教（土地糧食）摘要呈閱。李立侯君來談甚久。晚餐後滇生來談，切留在廳服務，勿去陝。孟海送來陪都勸募公債結束會之訓詞，為閱定之。十時芷町來談財政會議事，理四組件十件。十一時寢。

6 月 22 日　星期日　陰　七十六度

六時五十分起。今日精神稍佳，以昨晚睡眠較深也。八時到國民大會堂，出席擴大紀念週，與亮疇談秘書廳事，以決議案一件送孔先生簽署。八時十分典禮開始，委員長主席，並講演總理土地政策之大意，約卅分鐘而畢。聞有空襲警報，遂歸寓。以天氣陰，敵機未能竄入，遂未發緊急警報。在四弟室內與唯果談話。十二時卅分解除。午膳膳畢，委員長約往談，詢予病狀，並交下十九年七、八月事略一本。回寓小睡，至四時許始醒。接雪艇函，附來七七文稿，致滇生一函。傍晚聞德蘇開戰矣，背信取巧者亦不免於被攻，昨日兄弟，今日寇讎，世事豈可測乎。夜讀書，核四組件。十二時寢。

6月23日　星期一　陰晴　七十九度

　　七時卅分起。今晨三民主義青年團幹部班結業，余以事繁，未及出席與禮也。閱希特勒對蘇開戰之廣播詞，將蘇聯吞併北歐諸國時之一股悲憤發洩無遺，而莫洛托夫之聲明言浮而簡，顯見其不及防也。讀各報評論，以大公報所論最為痛快。九時有空襲警報，敵機襲川西北，至一時後始解除。唯果來同午餐並談時局。二時卅分到官邸，舉行參事會談。到居、孫兩院長，馮先生、孔副院長及交、教、經各部長，仍以車接博生、斌佳來列席。席間諸人發言甚多，何總長謂在我國此時應預計，敵人既不南進，亦不北進，而以全力對我，估計自東北及其國內可調十二師團，或將冒險一逞，如十八集團軍能真誠抗戰，則亦可牽制敵兵六、七師，以冀、魯、晉等處之國軍可以放心作戰也。郭斌佳判斷，蘇或暫時不支，而英必相助。博生謂，敵人將有一時期之惶惑觀望。子纓則謂，美德開戰或不在遠，至對蘇如何，則美將隨英之後，此與對日問題英之追隨美國同也。委員長指出，敵人北進侵俄之可能性極大。自本月二日希墨會談後，當已決定侵蘇，故五日敵國即開大本營聯席會議，一星期內續開兩次，近衛、松岡及陸相入宮觀奏，而海軍人員不與，可見軍部企圖北進之論必明顯也。汪精衛赴日，於此或亦有關係。敵人或將以長江防務交之。此種形勢不知蘇俄有無警覺耳。四時十五分散，約黃季寬主席談卅分鐘。回寓睡至六時起。閱六組批表，修正星期日關於土地問題之講演一篇。孟海來，十

時五十分芷町來。十二時寢。

6 月 24 日　星期二　雨 七十四度

七時三刻起。今日天氣甚涼，單衣覺寒，氣壓甚低，有如梅雨時節。余之脊骨酸痛又作矣。委員長以電話命約季鸞等去黃山談話，旋知季鸞不在此間，又命中止。午前修改七七告友邦人士書，十一時卅分完畢，午後交繕送呈之。一時至三時小憩。起後閱昔年文告，搜集材料，擬今夜起草七七文告，然卒無成就也。閱六組情報件廿餘件。毓麟來，晚飯後去。羅君志希來，擬辭中央職務，談辦學之難，為之嘆息。洗澡後十一時就寢。

6 月 25 日　星期三　晴 八十二度

七時五十分醒。昨晚睡眠較足，計沉睡當在七小時以上。盥洗畢，閱本日各報及參考消息。德蘇戰幕揭開後，英美蘇聯合之機運垂成熟矣。閱四組呈件十二件，轉呈教育部關於大學校長更動之簽呈二件。向午微倦，略睡。午餐後復小憩一小時。蒐集去年七七以來之軍事、外交各材料，統閱一過。唯果來談國際形勢。五時陳霆銳君來訪。六時卅分孟海來，晚餐後略談工作而去。十時後核四組呈件九件。十一時卅分寢。

6 月 26 日　星期四　晴 八十四度

七時卅分起。閱報及參考消息畢，即起草七七告軍

民書。但思路窒滯異乎尋常，屬筆至半，輒復停止，至十時卅分只寫成第一段，自視仍不能用也。十一時張齡來談。致雪艇一函，以告友邦書知修正稿寄予之。午餐畢小睡，沉酣疲乏，幾不能醒，服藥太多之故也。三時出席團部常務監察會，今日本有聯席說談話會，因疲甚，亦未出席。文白來談，向之當缺乏經費八、九萬，如部中能支持，即可不辭也。其實立夫已正考慮替人矣。人苦不自知，不亦可畏乎。五時出團部歸寓。熱甚，本擬繼續起草文告，乃委員長忽發下手諭三件，又交辦件甚多，不得已約芷町來，面商處理之，約一小時餘始畢。今日閱國防會文件八件，亦多不易解決者。七時俞鴻鈞次長來談卅分鐘去。八時晚餐，餐畢鄧和九、王唯石兩秘書來談一小時。得力子來電，謂日本勢將攻蘇，已命婦孺撤退。請示委員長後電覆之。並致涼州、青海二電問空襲損害。又發戰區長官及各省主席電，詢德蘇開戰後我國應採之方針。如是碌碌，直至十時始洗澡，十一時寢。

6月27日　星期五　晴　八十七度

七時起。閱國防委員會文件五件後，即繼續起草文字。不謂九時許張秘書劍鋒來談，對此番停職之舉，雖云自知過失，而曉曉敘陳工作，必欲為之設法一下文。語言不當，跡近爭辯，意大不懌，遂面斥之。以此激動感情，遂至久久不能下筆。午餐後小睡未熟，心中有事之故也。天氣又熱，精神頹散，四時後乃勉強振作精神，起草告軍

民書。隨寫隨即交繕，晚餐後續寫，至十二時卅分終算完成。後段草率之至，亦惟置之而已。一時就寢。

6月28日　星期六　晴　九十度

七時卅分起。閱報後到軍委會參加臨時週會，討論德蘇戰後之種種問題。九時五十分畢，約雪艇至國防會辦公室談話。十時卅分與貴嚴、雪艇同至渡船碼頭，待亮疇、復初兩部長到，一同渡江，到黃山官邸聚餐。今日委員長首次接見郭新外長，勉慰有加。十二時有空襲警報，餐畢到山下小舍敘談良久。四時渡江歸。四時五十分約季鸞到中宣部，同商宣傳方案，七時卅分始畢。夜與岳軍在長途電話內談甚久。與芷町研究並辦理大隧道案之文件。芷町忽發熱，似係瘧疾。至十時卅分處理畢，十一時卅分寢。

6月29日　星期日　晴　九十四度

七時起。以王亮疇先生即擬往國防會接事，囑廳中同事準備一切。上午擬到廳一行，卒因警報未往。今日十一時發警報，在南岸江北等處投彈，城內及太平門等處亦有殃及，直至三時許解除。天氣又酷熱，然余雖疲乏，仍能強自振作。小睡不及一小時即起。閱六組件及國防委員會文件。聞成都有搶米學潮，鄧、潘、張來電報告，委員長命擬一電，嚴切誥誡軍政當局應負起責任，並派貴嚴、元靖二人去成都。夜九時五十分將電稿擬就後即往與

賀主任洽商，元靖亦來談。十一時將電發出，歸寓就寢。

6月30日　星期一　晴　九十四度

六時卅分起。七時往國府參加聯合紀念週，由王雪艇報告，並舉行外交、糧食兩部長就職典禮。八時五十分禮成，接開第六十一次國防最高委員會常會，議決要案六件，例案十餘件。十時五十分先退，以委員長電招，即往官邸謁談。出門後即有空襲警報，以車接公弼兄來談話。十一時餘發緊急警報。敵機今日在上清寺一帶投彈，唯果之屋被震毀，而彼適奉派赴南岸，慰問英大使館巴克本參事，久久未歸，遂留其子女在我家暫住。細兒適歸來，即囊其照管焉。午後小睡約一小時餘，閱立夫送來之技術委員會報告書等件，到四組閱文件，八時始歸。夜無電燈，燭光下作事甚苦。十二時寢。

7 月 1 日　星期二　晴　九十五度

七時起。批辦公事數件，簽呈二件，又代擬為大隧道善後告各級空襲服務人員之代電一件，即送南岸呈核。約孟海來，辦發對技術改進委員會代電一件。接陳大使感艷等三電、桂武官兩電，言德、意將即日承認南京汪逆偽府，即加速送呈。又接中央社電告消息相同，函轉雪艇部長準備。十二時委員長指示中央日報論評紀事之缺點，函告王雪艇部長注意。午後小睡約兩小時起。九妹及皋兒均來寓。到四組閱本日文件，以芷町病瘉也。六時往訪亮疇秘書長，旋即至嘉陵賓館約王、郭兩部長，同至軍委會與委座謁談。七時卅分歸，辦發代電並轉呈外電。毓麟來談。十一時卅分就寢。

7 月 2 日　星期三　晴　一百度

六時卅分起。天氣酷熱，夜眠不寧，幸今日精神尚好。七時五十分滇生來談國防會交替事宜，並商定業務學術兩會議之辦法，談約一小時去。陳克成兄來辭行。十時鐵城先生來談大隧道善後案。十一時卅分到嘉陵賓館訪郭外長，同至官邸謁委員長。正午約五院院長、中央黨部秘書長及部長與何、白兩總長、稚暉、煥章兩公，同商德、義承認汪偽問題。結果決定由我外長發絕交聲明。二時餐畢，與亮、雪、復同至四組商酌宣言文字。三時卅分歸，小睡至五時起。處理私函十餘緘。七時委員長及夫人約往談，發居里電。至四組理公事。自誠來談。八時回寓午

餐。熱不可耐。夜閱呈季鸞所擬告友邦書。唯果來談甚
久。改定清鄉會議訓詞。十二時寢。

7月3日　星期四　晴　一百度

六時五十分起。七時十五分到國防委員會。今日王
秘書長亮疇到廳就職，七時卅分集合全廳職員訓話。余先
致歡迎詞，王秘書長致詞訓勉，約卅分鐘畢。即至秘書
室，報告廳務概況，介紹各高級職員與之相見。九時餘接
見各組長，余亦列席焉。退與盧、朱、鄧、吳、王諸人敘
別，告以半年來承襄助，甚為感慰之意，並分贈補助費
四千餘元，酬其辛勞。皆由機密費內支配。余就代理職務
時對機密費暫且收受，固不欲自領分文也。退出後至國府
訪魏文官長，將委座之命，將對德、義絕交事請轉呈主
席，與徐鳳梧君略談歸。午後熱甚，休息（閱六組件）。
七時芷町來，處理四組件，十一時寢。

7月4日　星期五　晴　一百〇二度

六時廿分起，即聞空襲警報。初聞敵機四架過鄂
西，旋又知為廿四架，七時五十分發緊急警報。與平遠談
戰局，與唯果談周刊等事。十一時解除，已被耽擱工作四
小時矣。閱報後作函二緘，即午餐。今日天氣更熱，室內
幾不可居。五後小睡，流汗如瀋。與九妹等閒談。閱六組
各件。毓麟亦來詳談。傍晚與委員長通電話，詢七七書告
事。旋即為委員長搜羅書籍四種。自誠來談。夜改正「青

年團工作要旨」紀錄，拙劣凌亂，修改費力之至。十一時
卅分畢，十二時卅分寢。

7月5日　星期六　晴　一百〇二度

七時起。閱報及參考消息後，即動身赴黃山。八時
十分到達，即謁委員長，面呈十七年十二月、十九年七、
八月事略及書四本，請示告友邦書之要點承面諭應加入之
意二要端，囑重擬一稿。退至辦公室，與國華略談後，即
開始起草。今日山中亦甚熱，午餐後僅寫成一千字，即昏
昏思睡。已而雪艇復初來，遂起而商酌，匆匆足成之。三
時卅分有警報，至山下草坪上小憩。何、白、程、徐、劉
（為章）及文白、元靖、貴嚴諸人均來談軍事，諸人觀察
敵之南進不遠矣。四時卅分以清繕之稿呈委座核定，更與
雪艇、復初斟酌字句後定稿。八時雪艇等先歸，九時陪委
員長晚餐，談至十時。作函二緘。十一時寢。

7月6日　星期日　晴　一百〇三度

六時起。以昨晚面諭之意，在告友邦書內重加四
行，專人函送雪艇。八時再往新築之小舍，與委員長商告
國民書之內容，談二十分鐘退。即開始重寫，時間甚迫，
不暇細酌矣。九時卅分奉諭再修改告友邦書第三段之字句
（親筆核改將語氣加強），與雪艇通電話，又間斷二十分
鐘，並以最後之定稿再著人專送化龍橋。今日天氣更熱，
揮汗作書告，又雜事間之，真覺應接不暇。自誠來略談，

囑告廣播處停止廣播。午餐後僅休息二十分鐘，即起續撰。振筆疾書，唯求速成（文白來電話未接也）。三時又奉電話諭，令加入建國工作之重點，安排穿插，極費力。五時繕成（省吾之抄寫能力殊不差），計三千二百餘言，即呈核正，就床小憩。六時奉核定交下，已有警報，即與省吾渡江歸。七時到美專寓，而緊急警報已發十餘分鐘矣。清校書告，作最後之改定。八時餘，敵機三批來襲，余寓前著火，交通部宿舍全燬，其勢甚危。第二次投彈時，余之居室亦被震塌。九時卅分將稿送出，攜玲妹、細兒歸老鷹岩。十二時寢。

7月7日　星期一　晴　九十八度　山上

上午六時醒，再睡至九時許始起。知已發空襲警報矣。十時後乃至天然石洞內暫避。洞中涼甚，可御夾衣也。十一時卅分後警報解除，以電話試陶園總機，知未修復。念美專寓中同人，昨夜整理必甚辛勞，今日又不知寓所附近曾波及否。午餐後小睡至三時起。以電話與國防委員會秦組長通話，知上午被炸地點在上清寺。四時派陳霖生往渝取稿件（告青年書）。五時往謁林主席，並訪鄧亞魂秘書。六時卅分歸寓晚餐。餐畢，又有警報，至邸側洞中小憩。晤李石曾先生，旋至顧孟餘家小坐看月，顧夫人以涼茶相餉，飲而甘之。十一時卅分解除警報。十二時卅分寢。

7月8日　星期二　晴、夜雨　一百〇二度

六時五十分起。閱四弟所擬之稿，覺太冗長，且尚未完稿，如細加刪改，必趕不及時間，乃決定由余重寫一簡單之書告。八時由老鷹岩動身，八時五十分到美專寓，已發空襲警報矣。俞欽佽來談。十時五十分解除，以書室未佈置，不可居，乃至德安里辦公室寫文字。陳組長希曾來談半小時。天氣熱甚，不可耐，略進午餐後即著手起草。腦筋疲滯，至三時僅寫成一半。芷町、學素來談，間斷二十分鐘。至五時寫成，約二千言。自視真不可用，亦姑繕呈而已。到美專寓一轉，六時仍回老鷹岩（途中遇文白）。夜八時卅分即睡，有驟雨。

7月9日　星期三　晴　九十四度　山上

天氣較昨日涼爽，睡至七時五十分始起。今日決心在山寓作一天完全之休息。三民主義青年團幹監聯席會議遂亦請假未出席矣。山中幽靜，寓外竹樹搖曳生風，以視市內囂擾侷仄，不啻有天壤之別。與細兒、九妹等談話，閱積明作文及日記，是兒資性尚敏，又好用思想，惜不能有恆，酷似余十六、七歲時之情景也。午後小睡起，接鶴皋來信慰問。傍晚外出散步，過楚傖家小坐。夜月色甚美，坐庭中納涼。十時卅分就寢。

7月10日　星期四　晴　一百〇四度

七時起。草草進餐後，八時卅分動身回渝。九時十

分到達，房屋仍在修葺中，余之書室移至右邊向北之一間，窗戶已壞，又無竹簾，室內熱甚。閱三日來積件，覆郭外長一函，致孔副院長一函，本擬至四組辦公，聞將有空襲乃止。十一時卅分午餐，餐畢到地下室。自誠來談，又與荻浪談公文整理。三時解除，即至第四組，修改委員長七七講詞，至六時始畢。天氣酷熱，腦為之漲，閱批表十件，核呈文件十二件。回寓晚餐畢，回老鷹岩。熱甚，幸尚有風耳。十時就寢。

7月11日　星期五　晴　九十八度　山中

七時卅分起。以電話與美專街通話，久久始達。告以今日不返寓，如有事可囑人送來，或通電話也。覆閱陳辭修所著「總裁革命思想之理論與實踐」，此書經自誠校材料，孟海核文字，余今為之詳細閱讀，並略加修改。自上午八時至十一時卅分、下午一時至四時卅分畢。讀其全文八冊，取材得當，可做訓練教材用也。今日山中天氣亦極熱，傍晚攜明兒散步，夜更熱，竟無雨。十時寢。

7月12日　星期六　晴　九十八度

七時起，盥洗畢，即下山返渝，到寓約八時五十分。委員長命約顧頡剛君明日往談，並約公弼同往，分別函邀。理私人函件十餘緘，閱外交電七件，發致大哥一電。並以電話詢盧滇生君下屆議程是否準備。以王秘書長下鄉，恐未接洽也。季鸞來訪，談一小時。俞鴻鈞次長來

訪，談港中情況。午餐後以居室囂熱，到侍衛長室小憩。旋即至第四組，約鄭組員等詢組務，並與學素談話，摘呈甘介侯報告，並作簽呈四件。事畢，已六時，仍回老鷹岩。晚餐後納涼，至十時寢。

7 月 13 日　星期日　雨　八十六度

清晨四時大雨驚醒，旋即朦朧再睡，至七時五十分起。雨仍不止，八時卅分由山中動身，九時二十分回渝寓。閱本日報紙及參考件，發私函二緘。十時卅分立夫部長及顧頡剛、辛樹幟兩君來，即陪同過江。十一時五十分到對岸山中官邸，同謁委員長，即留午餐。餐畢復談一小時。委員長對顧君等殷殷以昌明文教為囑。謂今日欲復興民族，必須重視史地教育，更需昌明中國之哲學也。二時卅分偕顧君等渡江返渝。小睡一小時。四時往訪亮疇先生，談國防會事。五時到四組一轉，訪貴嚴未遇。夜芷町來，核辦四組件。十一時就寢。甚涼。

7 月 14 日　星期一　陰、下午微雨

六時卅分起。七時至國府出席紀念週。白健生部長做報告，與顧毓琇君談閒事。八時國防最高委員會六十二次常會，孫院長主席，通過保甲戶口編整辦法。十時散會，與羅志希兄談約卅分鐘。志希近來更覺喋喋多言矣。李秘書來談，請假七天。十一時訪貴嚴談時局。十二時到官邸，舉行參事會談，賈煜如君亦來參加。午餐後與騮、

立諸君談，並謁委員長，報告數事。三時始歸，小睡至四時起。開先來談滬事，一小時餘始去。閱六組呈件十八件，又核呈報告三件。七時晚餐，擬約乃建組長來談，未在組。八時卅分核四組文件七件，與芷町談。十一時寢。

7月15日　星期二　陰　八十度

七時起。閱第六組批表約二十件，唐組長乃建來談組務甚久。十一時羅隱柔君來談關於理論闡揚之意見，知其新著不日將出版矣。向午忽覺疲倦，作函數緘，今日經濟會議未出席。午餐後小睡至三時始醒。核定本處員兵空襲損失救濟單，送一組照發。約成惕軒秘書來談話。六時谷部長、黃伯度次長來訪，談防空會報事。七時到官邸，以民十六、十七、十八、十九年日記六冊及辭修之稿八冊，交國華轉呈，即歸寓。夜核呈四組文件。十一時卅分寢。

7月16日　星期三　晴　八十二度

六時卅分起。閱報及第六組文件，約竺副官來，指示處理事務。十時後忽覺頭痛鼻塞，且不能支坐，似有發熱現象，即就床休息。恐為瘧疾，延胡醫官來診視，則體溫如常，大約消化不良，又受寒以致感冒也。中午孟海來談，交辦函札數件。午後小睡，接電話約赴黃山，遂未入睡。四時動身，五時到達。六時晉見，面呈民國七、八、九、十、十一、十二、十四、十五年日記各一冊，並報告

琢堂先生於十五晨逝世矣。退擬輓電二則。夜閱讀委員長民國九年及十年日記。十時就寢。

7月17日　星期四　晴　八十六度

六時卅分起。閱讀外交電九件，讀委員長民國十一、十二年日記，對其自修之勇，任事之慎，殊覺敬佩無量。後來成就非偶然也。十時卅分應約往見，交下十七、八年事略各一本，十九年事略全年六本。又面交明儒學案，囑為標句後再呈。十一時卅分退。午餐畢小睡起，往訪季鸞，談近衛辭職後之敵閣動向，約一小時餘歸。再見委員長，報告六、七事。五時卅分渡江歸寓。天氣尚不甚熱。詢國際宣傳處，知日本新閣仍將由近衛負責，但閣員未發表。六時卅分芃生來談。七時顧孟餘君來談，不願就中央大學事。與岳軍、復初、公權通電話。夜閱六組件。芷町來談，處理四組件。十一時卅分寢。

7月18日　星期五　晴　八十九度

七時起。乃建組長來談昨日會報情形。昨晚未睡熟，今日覺疲乏，而遍身酸痛。閱報紙及參考消息。並閱六組批表後偃息一小時餘仍未癒也。發港電又作私函二緘。十二時午餐後有警報，一時敵機襲入市空，寓前馬路側落一小型炸彈，故洞中略有震動。顧頡剛、陳柏青諸君來談。三時解除，小睡至五時許醒。覺煩熱，購西瓜食之，呼匠理髮。傍晚孟海來，與談處理文件之標準及手

續。改函稿四件。夜處理四組件十二件。十二時寢。

7月19日　星期六　晴　九十六度

七時起。敵相近衛組第三次內閣，其重要之更迭，僅為豐田任外次，其或對外故為掩蔽其北進乎。唯果自北碚歸，來談一小時而去。接委員長數次電話，命接洽宣傳方面之事，即分別辦理之。閱六組呈件，午餐畢小睡。王亮疇先生來訪談秘書廳組織，國際問題討論會事。旋道藩兄來長談，約二小時，表示不願就中政校代教育長之職，兼及本黨之文化運動。以天翼所擬之件面交之。傍晚公弼來談，留其晚餐。彼就余商行止，余頗主張其往南洋辦報。夜核辦第四組文件，研究防空會報件。與四弟、七弟談。十一時寢。

7月20日　星期日　晴　九十八度

六時五十分起。天氣轉熱，幸上午尚有涼風。修改對勵志社等四團體工作同人訓話稿兩篇。九時盧滇生兄來談，商業務會報及學術會報事，並談四川省府請議縣臨參會之意見。余意一省未可獨開先例也。羅志希兄來談，言已遷出學校矣。詳談校事，至十二時始去。午餐後小睡至三時醒。熱甚，無風，余所居之室陽光直射，實不能工作。五時後入地下室，審查國防會國際問題討論會之件，草草函覆王秘書長。夜接委座電話，承辦轉送之件。處理四組文件。十二時卅分寢。

7 月 21 日　星期一　晴　九十八度

六時五十分始起，已不及參加紀念周矣。閱外交電十件，處理函札。八時卅分以車迓公弼來寓，即與之同赴官邸，謁委員長，談十餘分鐘。公弼先退。余與志希同入見，談中大交替事。十一時奉命起草致史大林電稿，賀其就任國防委員長，呈閱後即發出。並報告近日各大學人事問題。十二時舉行黨政會報，到十八人。委員長對市政詢問甚詳，頗以市府不能切實辦事為責。吳市長逐一解答，態度甚從容。二時散，與雪艇、立夫等談。奉諭訪顧孟餘，切勸其就中央大學校長。三時到老鷹岩，六時訪顧夫人。八時卅分訪顧詳談，承允就任。十一時五十分就寢。

7 月 22 日　星期二　晴　九十八度

昨晚未服藥，睡不能酣，至八時許始起。上午福芝甥女來，中午楊孺人誕辰設奠，皋兒亦來與祭。午後與皋兒等談話。積鎧今年未參加高中畢業試，其肋膜積水疾未痊癒，投考大學已不及，令在寓靜養，過夏再定，勢須輟學，作半年之自修矣。余今日殊不耐熱，腹中不舒，腦漲而有微熱，意欲修改講詞，竟不能動筆也。小睡至三時卅分起，熱更甚。山中如此，市內可知矣。甚徬徨不定。作黎叔一函，夜九時睡。十二時卅分為新檢局電話驚起，二時後再入睡。

7月23日　星期三　陰　九十度

七時起。致貞柯一書，詢近況，蓋久不去函矣。七時四十分動身，八時卅分抵渝寓。閱外交電三件及本日報紙，摘呈周鯁生四日來函，及張季鸞函陳之意見，處理函札十緘。陳元德君索還蔣先生之思想大系，即備函送果夫寓轉還之。季鸞介紹張郁廉女士（山東嶧縣人，生長哈爾濱，燕大教育系肄業，通俄文，任塔斯翻譯）來訪，擬介紹至參事室工作。午餐畢小睡一小時，覺眼瞼作痛。居室仍囂熱不可安居。唯果來訪，談一小時，商約請哲學家講演之名單。閱蕭錚平均地權本義之目錄。五時李立侯來訪，設新聞檢查局事（軍令部欲使該局改隸，意在打擊宣傳部，商主任甚不快）。六時訪貴嚴詳談。七時到四組理公事。八時晚餐，芩西來訪。九時歸山寓睡。

7月24日　星期四　雨　八十四度

七時起。昨晚睡足七小時以上，為近來所罕有也。致士剛一函，又覆秋陽七月八日函。十時再訪顧孟餘先生，談中央大學事。顧君以為現在學校課程訓育尚不脫承平時代氣息，中大此後應以國防科學為中心目標，其論甚偉。十一時回渝，十二時十分到達。午餐後與岳軍通電話，接委員長電話，糾正掃蕩報之消息。二時卅分往訪亮疇先生，商擬覆羅總統六月廿五來函。又商定國際問題討論會規則及名單，並談國防會人事。亮疇事事虛心下問，使余十分為難。以彼樸誠，不言則不忠，盡言則近於把持

也。歸寓有微熱，骨節作痛。閱四組文件。與郭外長談話。夜較涼，十時五十分寢。

7月25日　星期五　大雨　七十六度

七時十五分起。昨半夜起大雨如注，室內多漏，余遷入原室，乃新修葺者，尚未完工也。晨起，雨稍停，繼後續下，天氣涼如初秋。八時唐組長來，談會報情形及組務。閱外交電約十件，理私函十餘緘。日寇竟開始攫取越南，而維琪政府乃甘于屈服，南洋形勢益亟矣。午後小睡二小時，今日精神不佳，嗜眠特甚。三時梁仲栗君來，談重慶大學事。薛農山來，談掃蕩報事及海外宣傳。傍晚毓麟來，談外交，八時去。夜閱四組件，與四弟談。十時五十分寢。

7月26日　星期六　晴　八十度

六時四十五分起。昨晚未服藥，睡不酣，且屢醒，故起後精神不暢。適閱報載，我外長對日本劫奪越南事之聲明，辭簡意賅。美國立即反應，決定第一步凍結日本在美之資金，英國亦採同樣行動云。閱第六組批表二十件，情報十件。曾養甫君來談一小時，旋公弼來談。十一時博生來談。午餐後小睡約二小時起，精神仍不寧謐，殊可異也。料理雜件，發函數緘。五時至四組核閱本日文件十二件。芷町星期四患病腹瀉，今日已癒，銷假視事矣。六時卅分偕亮疇、復初、雪艇渡江到黃山，今晚委座宴拉鐵摩

爾，顯光亦來作陪。八時晚餐，九時卅分散。改正致美總
統函。十時卅分寢。

7月27日　星期日　晴　八十八度

七時十分起。散步庭間，呼吸清氣，覺與室內不同
也。回室作修正講稿之工作，頗覺難于著筆，進行極濡
滯，卒未完也。九時有警報（今日敵機三批襲成都，一批
炸遂寧），到地下室觀察，遇毛醫生略談家鄉事，即出至
草舍，侍委員長坐談。委員長正看周易，其好學敏求，真
令人起不可幾及之感。諭購周易本義一冊。閱參考消息，
旋與蔣夫人、魏神父等談話，一時回室小睡。三時渡江歸
來，四時到渝寓，即覺熱甚。七弟皋兒來寓。與雪艇通電
話，閱六組件。傍晚芷町來，晚餐後閱四組文件十六件。
九時卅分果夫來談約二小時餘，贈予醫政漫談一冊，十一
時始去。十二時就寢。

7月28日　星期一　晴　九十度。

昨晚與客談太久，又劇烈失眠，大約二時卅分始
睡。今晨六時十分起，猶覺疲乏異常也。草擬致羅總統電
稿。唯果來談近週工作。七時卅分即聞有警報，國防委員
會未開。與唯果、遠程、祖望、七弟等談話。今日敵機
一百餘架分批襲川，自流井、沙坪壩、磁器口等處被投
彈，又大溪溝一帶，亦被投彈，直至三時許始解除。挺坐
太久，殊覺疲悶。進餐後小睡，直至五時三刻始起。閱六

組件二十餘件。天氣似更熱。夜接黃山電話，發新聞稿二則，皆關於金融者。十一時洗澡後寢。

7月29日　星期二　晴　九十二度

六時卅分起。為蔣夫人校正八月一日講演詞一篇。七時後即聞有空襲消息，八時發空襲警報，至午後四時十分始解除，午餐亦在地下室食之。此二天為本年最長之警報時間矣。敵機第一批在兩路口菜園壩等處投彈，聞浮圖關亦有損失云。四時後小睡，不能成眠。五時到國府開國防委員會六十三次常會，到者十人，于先生主席，議決要案四件、例案約五十件。退至四組理本日文件。改定致撫卹委員會訓詞，孟海所擬也。孟餘來訪未晤，八時晚餐，十時卅分寢。

7月30日　星期三　晴　九十四度

六時三刻起。致梁仲栗一函。閱廣播消息，知荷印禁止運油赴日，此後敵人之焦急愈深，其行險徼倖必更急矣。七時卅分即有警報，唯果挈其家人同來余寓避空襲，與之傾談，殊不寂寞。其子行素、幼女存恕，均天真聰慧可愛，余甚喜之。今日敵機分四批來襲，在渝市區投彈頗多。一時午餐，四時始解除。天熱人倦，僅閱報看參考消息而已。閱福克斯視察上海金融之報告，送參事室翻譯。六時由渝動身回老鷹岩。七時到達。夜訪孟餘談話。十時十五分寢。

7月31日　星期四　陰　八十六度

七時卅分起。昨晚雖屢醒，實已睡足八小時，然晨起精神乃不及昨晨之飽滿。蓋天氣陰沉之故。大抵余之身體適宜於乾燥而有陽光之氣候，而心境則適宜於整暇而有秩序之工作。煩熱與勞苦，固足以困人，尚非絕對的。此觀於七月上旬之工作情形而可知也。午前本擬略作修改文字及整理積件之工作，但心緒散漫，不欲勉強。念季鸞「切勿硬撐」之囑，亦遂置之。視遂、遠兩兒之課業，較前稍進。皚兒正在預備應大學入學試驗，讀書亦尚勤。此兒沉默太過，而於家庭總感覺疏隔，對父母若不能盡言也者。有請求乃至託兩弟代達，此皆幼年寄養外家太久之故也。午刻接望弟電話，報告致羅總統謝電（為封存資金事）已奉核正，即囑其繕送機要室，發致胡大使轉達，實已太遲矣。午餐後閱小說，一時卅分覺微倦，小睡竟達二小時，實於衛生不宜。然允默則謂能睡亦佳事也。傍晚氣候轉熱，外出散步即歸。今日周副官桂清來見，責其嚴整紀律，不得賭博。夜與家人閒談。十時睡。

8月1日　星期五　雨　八十度

七時起。校閱演詞紀錄「哲學與教育對於青年之關係」，乃委員長在青年團中央幹監會議時所講者。全文甚長，約六萬餘言，前週已為校讀，以內容較繁，未竣事，今日繼續為之。至十一時，僅完四分之三，以渝有事待辦，心不能安，遂於十一時卅分歸。三兒搭余車至山洞攝影焉。午後將未改完之稿修正完畢。與四弟談話，並閱六組情報件。夜閱四組文件，福克斯繕呈封存基金案（美國對我封存案）之特許證辦法，約沈參事宗濂兄來翻譯，囑其攜歸譯之。與芷町略談。十二時寢。

8月2日　星期六　陰雨　七十八度

七時起。以昨晚談話及研究譯件用腦太久，影響睡眠，今日甚感疲困，略有頭暈。上午除閱報外，未作他事。午刻沈宗濂君以譯件送來，對照一過，即囑繕呈。午後小睡，不及一小時即起。心忽忽不寧，不知何故也。徐叔謨次長將赴駐澳洲公使任，特來辭行，敘談甚久。彼任外次將十年，今得解脫外遊，言次殊為愜意。談約一小時餘始去。夜核閱芷町所擬之告四川民眾書，為之修改三、四節，甚覺費力。十時閱四組件。十一時卅分寢。

8月3日　星期日　雨　七十七度

凌晨五時忽醒，初覺胃部震痛不寧，吐清水少許，其味苦而酸。旋又覺腹痛，如廁數次。至九時胃部又劇痛

不止，再嘔吐一次，味酸而略甜，精神甚倦，測之有微熱，約六、七分。十一時所瀉者乃有黏液狀，疑將變痢疾，遂約吳醫官霖生來診，投藥兩種，亦不斷言為何症，但囑小心，恐其變痢而已。午後沉睡時多，神思困倦。皋兒來視，謂當係胃腸並發炎腫也。自是至晚間九時復瀉兩次，均為清水，亦不知何時入睡也。

8月4日　星期一　雨　七十八度

晨三時又醒，胃部仍極不舒，又嘔吐一次。六時就廁，乃為通常之糞便，然量不多，且小便亦不通暢也。知昨晚委員長以電話見召，然病甚，實不能往謁。午刻參事會談亦只得請假焉。閱報見美國實行油類禁運，新華日報評其不澈底，論據頗充分。今日吳醫仍來診，彼太矜慎，不肯用瀉劑，且謂余無熱度，然余自覺有微熱也。午後三時唯果來談三刻鐘，與之酬對，亦覺吃力，蓋疲甚矣。今日自八時後即停止不瀉，然胃腸不時劇痛。夜芷町來，談至十時去。

8月5日　星期二　陰雨　七十九度

清晨三時又醒，蓋連日不敢服安眠劑，而且日間有時亦沉睡也。自按腹部，痛仍如昨，而胃端之苦痛似較緩和，然精神疲頓已極，頭痛舌苦，必有微熱作祟，且腸際轆轆有聲，自思必須下瀉劑始可。十時再約吳醫來診，以狀告之，彼授余黃色藥片二小片，於十一時服下，詎至下

午五時仍無動靜，乃知其預留一丸，謂無效時可加服，遂
一併服下，至九時始下瀉三次，然仍不多也。三日來均只
食麵包，每日五、六薄片，今日以無力，乃於晚餐改食雞
汁和粥兩小碗，否則恐更不支矣。芷町來，接洽四組文
件，談至十時卅分去。

8月6日　星期三　陰晴　八十度

清晨三時又醒，以體溫計測熱，已復常溫，然腸胃
仍不舒，意發炎處未平復耳。補記日記後，閱國際通訊雜
誌。徐叔謨君來談。十時後理函札數緘。十一時唯果來
談。十二時約雪艇來，談關於公弼去南洋各事。午餐進粥
二小碗，午後略休息。三時唯果來，言顧孟餘先生仍無意
就中大校長，以電話告委員長，並將該校經費件簽呈。如
是碌碌二小時餘，以稍勞，而腹痛又作矣。夜與岳軍通長
途電話，十二時後入睡。

8月7日　星期四　晴　八十四度

五時起。作家書兩緘，一寄細兒，又覆函札三件，
考慮八一三紀念文字之要點，卒以病後思慮散漫，無所
就。簽請委員長核示，甚望能免除此照例文字也。九時徐
叔謨來談。明儒學案由王、孫、袁諸君標點完畢，共十四
冊，即送呈之。十時約潘公弼兄來談，勸其就星洲日報職
務，彼亦無所可否，然中央對於如比有經驗之宣傳人才，
既招之來渝，又不為延致於中央，及於臨時需人使用之

際，又往往大費周章，深覺近來不如十年前在南京時也。
顧孟餘君來，囑唯果兄陪其去黃山。十一時後王亮疇先生
來，商國際問題討論會事，對余信任太過，事事相咨，而
彼絕不先作主張，殊覺應對為艱。午餐後小睡未熟。今日
仍有微熱，腸部之患未平復。吳醫再來診，所投之藥似不
對症。午後天熱，心中稍煩躁，呼匠剃髮，乃覺清涼。六
時梁仲栗君來說重大事，與立夫通電話，以張季鸞件寄雪
艇。碌碌不得閒。夜唐組長攜中央調統局之件來就商。九
時唯果來報告顧孟餘先生與委座談後已決就職，甚以為
慰。十一時就寢。

8月8日　星期五　晴　八十五度

七時起。今日精神仍未全復，胃腸之病雖稍癒，而
大便仍不通暢也。閱報及參考消息後，方青儒、張毅夫兩
君來談。毅夫有意擔任閩省之民政，恐未必能成事實，婉
言諷示之。彼仍託向劉恢先君說項，以聞閩主席將屬劉君
也。十一時有警報，三時後始解除。延中醫張簡齋君來診
疾，處方兩劑而去。張道藩君來談中央政校事。夜無電
燈，在燭光下殊不能作事。天又熱，約四弟閒談往事。至
十二時廿分有警報，三時卅分後始寢。

8月9日　星期六　晴、傍晚大風　九十度

昨晚空襲警報時間特長，四時始睡，今晨七時前即
醒，又聞有敵機自鄂境來襲，八時後入市空投彈，十時後

解除。與唯果兄談國際形勢，近日泰國形勢益緊張矣。
十一時後又有空襲密報，草草進午餐，幸今日腸患已稍
癒，午後三時五十分始解除，覺疲乏殊甚，然又不能睡。
今日委員長招待外賓，余請假未往陪。委員長仍命預備
八一三文告，調閱舊日材料，擬作準備。傍晚大風，飛沙
走石，歷廿分鐘始息。夜又以燭光昏暗不能作事。核四組
文十一件後，十時卅分寢。

8 月 10 日　星期日　晴　八十九度

　　七時前有警報，余尚沉睡，至七時十分始起，已發
緊急警報矣。今日敵機分數批先後來擾，正午十一時卅分
始解除。與唯果談國際形勢，留其午餐。餐畢，未及睡而
警報又作，如此連續不休，其為有意擾亂工作可知。唯果
等因勸余到老鷹岩準備文字。四時卅分解除警報後，核閱
六組文件，簽擬關於中央調查統計局之意見，並發函兩
緘。五時後攜省吾往老鷹岩，途中即聞有警報，車略損
壞，到山寓已六時寓卅分。草草進餐畢，至主席地下室稍
避。九時後至寓，閱參考材料，十時又有警報，一時卅分
解除，即寢。

8 月 11 日　星期一　晴　八十六度

　　七時起。知清晨四時又有敵機過川襲成都，此時仍
在警報聲中也。命僕人佈置文具，八時後移至主席地下室
內作文字。自九時動筆，至一時完稿，草成「八一三」四

周年告民眾書約二千字，即交省吾清繕。二時卅分警報解
除，擬即歸，而車未修好。三時卅分又發警報，天空陰雲
四合，雷雨大作，即在寓中坐待，並校閱文稿。五時十分
自山中動身，六時到渝寓，以文稿送黃山，並發泰戈爾唁
電。七時晚餐畢，芷町來談。九時就寢。輾轉不成寐，一
時又有警報，五時許解除。

8月12日　星期二　晴　九十度

昨晚睡未熟，八時又有警報，即起。唯果來，言張
淮南兄病逝於山洞寓所，自茲遂少一與蘇聯使館接洽之忠
實同志，實可悼惜。八時廿五分緊急警報，敵機二批入市
空，在磁器口等處投彈，九時三刻解除。唯果等赴歌樂
山，十一時卅分發警報，敵機襲南岸。二時卅分又有一批
在化龍橋投彈，至四時後始解除。與黃山通電話。六時卅
分晚餐畢，自誠攜委員長核正之八一三告民眾書稿來，即
在燭光下為整理文字。天熱燈黯，不能用腦，時已八時，
乃囑自誠送中央社發表之。與四弟略談，十時就睡。

8月13日　星期三　晴　九十二度

侵晨二時又有空襲，至四時五十分後解除。五時卅
分睡至七時，敵機再來襲，九時許在廣播電台周圍落彈七
枚。余寓受震，門窗及天壁均損壞甚多。自是直至下午四
時許始解除警報。委員長本約余及岳軍過南岸午餐，因之
遂未及往也。出地下室後疲甚，即睡，至六時，精神稍

復。往訪鐵城秘書長，談空襲善後及各機關改定辦公時間
事。七時卅分回寓晚餐。囑四弟以委員長照片一幀面送潘
公弼君，並致送旅費，公弼將往南洋也。成惕軒秘書來
談。八時岳軍來訪，談一小時去。閱四組、六組文件畢，
洗澡就寢，已十時矣。

8月14日　星期四　晴　九十五度

　　六時起。七時到國府出府第六十四次國防會議。以
連日警報，到者僅十二人。由孔主席，議決要案二件、例
案卅餘件，八時散會。到第四組閱公事，與應紹鈞書記及
陳仲佳組員談，指示其工作。旋希曾組長來談。九時卅分
回寓，外交部段司長茂瀾來談。十二時有警報，敵機侵
入，在觀音岩、海棠溪等處投彈甚多。二時三刻解除。天
氣酷熱，室內達九十六度以上，小睡一小時，疲勞仍未回
復。朱紹陽君持錢新之公函來見。六時核閱四組公事，
至八時完畢。晚餐後與實之表弟及四弟等食瓜閒談。十
時就睡。

8月15日　星期五　陰晴　八十七度

　　六時起。補記日記畢，閱本日各報，九時聞敵機
十八架襲川，旋知在萬縣投彈後折回矣。今日氣候陰沉而
無風，殊覺悶熱困倦。十一時許小睡一小時，午餐後再睡
一小時餘。頹唐至此，真無以自解也。午後徐叔讜君再來
談，閱六組批表十餘件。六時到四組，辦發文件十件，又

核閱呈件，並批改發文十五件。七時卅分歸寓晚餐。夜改
正夏令營講詞紀錄一件，整理書夾，作覆函五緘。今晚九
時後始有電燈。十一時寢。

8月16日　星期六　晴　九十二度

　　六時卅分起。閱參考消息及各報，今日羅斯福、邱
吉爾會談內容公佈，其所提八點極重要，可為將來奠立世
界和平之準則。然欲求實現，必須經一番苦鬥無疑也。公
弼來訪，匆匆未與詳談。十時卅分到儲奇門，約同王亮
疇、董顯光、拉鐵摩爾等（岳軍因事未到）渡江，謁委員
長。徐次長叔謨亦來辭行，彼明日赴澳洲，委員長設席餞
之。席間委員長詢予身體如何，謂可作三、四星期之休
息。二時餐畢，與國華略談即歸渝。小睡至四時卅分醒。
閱六組文件。即至堯廬舉行本室會報。六時到四組核閱文
件，直至七時卅分畢。晚餐後回老鷹岩。十時就寢。

8月17日　星期日　晴　九十度

　　七時卅分起。昨晚未服藥，睡眠不佳。與允默商諸
兒就學各事。向午有空襲警報，至主席之防空室，與顧孟
餘伉儷談話。十二時歸寓午餐。餐畢知敵機襲自貢等地。
時倦甚，即在屋內休息。二時警報解除。四時攜明、樂兩
兒同車歸渝。明日遣往投考廣益中學也。今日天氣悶熱殊
甚，不能作事。與四弟、七弟閒談，閱雜誌。晚核四組文
件十二件，甚費力。十時卅分睡。

8 月 18 日　星期一　陰　八十四度

六時起。處理函札八緘，未及出席紀念週。今晨又患腹疾，連瀉五次，甚感疲倦。九時卅分到曾家岩，出席黨政會報。到十五人，谷正綱、賀元靖、李中襄諸同志提出詳盡之報告。吳秘書長、王部長亦有工作報告。總裁分別指示之。十一時散會，岳軍進見，報告川省軍政，余列席旁聽焉。十二時卅分歸寓午餐，佩箴來談。午後小睡，閱六組件，約公弼來談。晚餐時唯果來談。下午又瀉三次。夜雪村來談。十時卅分寢。

8 月 19 日　星期二　晴　八十度

六時醒，又瀉二次，再睡至八時起。接陶希聖君函，論香港宣傳事，即抄送王雪艇部長。閱四組呈件及發文共卅餘件。十時有警報，余腹瀉未已，腸之下端部作痛，至地下室稍坐，甚覺疲困。中午謝耿民秘書來談。一時警報解除，聞敵機今日又擾自貢市也。小睡至四時始起。岳軍來談田賦改徵及川省財政經濟等事，約二小時而去。傍晚實之約羅醫來，為余診疾。夜未作事，讀舊書及雜誌。十時卅分寢。

8 月 20 日　星期三　雨　七十七度

六時卅分起。大雨如注，天色昏黯。腸疾未癒，甚感悶悶。閱外交電約五十件，歷二小時始畢。接文白自山洞來電話，為其子一真訂婚後即赴美，囑轉催發護照，即

約鄭秀民來，指示辦發。並閱發文稿四件。十一時卅分孟海來，報告組務，並談黨務，午餐後去。下午閱雜誌數種，讀國際論文多篇。今日腸炎似較昨更劇，心緒亂劣，而精神不暢。晚餐後似有微熱，下瀉一次，覺頭目昏眩，其憊甚矣。方之兄來，為余診視。閱四組呈件十二件。十一時寢。

8月21日　星期四　陰晴　八十二度

七時起。今日腹疾仍不痊，自晨至暮，下便十一次，量不多而頻數，且間有濃厚之白色黏膜狀物，而帶血絲者，頗疑將為痢疾歟。午前閱各報後，即無力作他事。明、樂兩兒考取廣益中學，今日往驗體格，並受口試。十二時閱四組發文十餘件。午後小睡至三時起。天漸熱。閱六組呈件十六件及發文一件，作簽呈三件。皋兒來，商腸病醫治之方。接細兒來函，皞已赴合川矣。夜閱時代知識月刊。港中失意政客，大唱人權運動，可鄙可恨。芷町來，閱四組文十件。十一時寢。

8月22日　星期五　晴　八十四度

七時起。腸疾仍未癒，肛門部有壓迫作痛之感覺，下便不暢。吳醫官來診，謂係腸炎，當無他患。託寬仁醫院檢驗，亦云無阿米巴及蟲卵，然精神則甚疲矣。四弟患瘧，已五日未痊，亦甚可念。十一時有空襲警報，敵機百餘架來襲渝，在國府路等投彈，又炸沙坪壩，大學區受損

頗重。三時解除，疲甚就臥，至五時許始醒。學素兄來談。夜水電全停，燭光下不能作事。芷町來，閱四組文件十件，並談近事。十一時寢。

8月23日　星期六　陰晴　七十九度

六時五十分起。腸患仍未痊癒，裡急後重，而瀉不暢，蓋病在腸之尖端作炎腫，且牽動膀胱部分，甚感不舒。如廁數次，而瀉下者僅少量之黏液，略帶血絲而已。九時卅分鶴皋來視余疾。十時卅分有警報，即留其在此過午。今日敵機又炸渝郊，聞浮圖關又被投彈，另二批則飛簡陽、資中等處。二時午餐，三時卅分解除。吳醫官來，以藥特靈液為余灌腸，亦無效果。疲甚小睡。本擬去老鷹岩，以諸事均未料理，心煩不欲去，適積鎧自合川來，乃遣三兒同歸。七弟、辟塵、學素來同晚餐，九時允默自山來。閱四組件九件、六組十六件。十一時卅分寢。

8月24日　星期日　陰、夜雨　七十七度

六時五十分起。今日腸患已稍癒，惟直腸部炎腫未消，下瀉時仍有黏膜狀物也。上午敵機襲雲陽，投彈後折回未西飛，以西部氣候不佳也。疲困思睡，就床小憩，睡足二小時。午餐後又睡足三小時。如此嗜睡，可見前數日腹疾之消耗精神甚矣。閱六組件十二件、外交電六件，處理函札報告等十八件，工作約二小時。向晚又覺疲勞不可支。細兒自校歸，詢其中大被炸狀況，知損害尚不重。夜

芷町來，閱四組件七件。十一時寢。

8月25日　星期一　雨　七十六度

七時起。今日頗感病後疲勞，就坐不能在一小時以上，且因天雨潮濕，骨痛甚烈，兩下肢尤甚，而頭部頂上右偏側亦作痛，至腸患則與昨日相似，瀉不暢而頗頻數，亦頗以為苦也。紀念週及國防委員會常會均未參加。委員長回渝（約集參事會談），亦未往謁，固知誤職不少矣。午刻孟海來視余疾。下午小睡兩小時，而精神仍不振。閱定上週會報紀錄，核閱六組呈件及批表。夜秦組長振夫來談。十時閱四組件。十一時就寢。

8月26日　星期二　陰　七十九度

七時起。今日本擬回山洞休息，以積件未理清而中止。閱報見邱吉爾首相之廣播演說，公開指斥日本在遠東之暴行，我外長以談話響應之。然英美對日真意如何及此後發展，似仍以蘇聯為關鍵也。唯果來視余疾，報告昨日參事會談諸人之談論及委員長所作結論。委員長以為，羅邱會談中必涉及遠東問題，近日美國與日方之接觸，當不外迫令屈服或促使決裂之二途。所謂迫令屈服者，即促其脫離軸心而承認聯合宣言之八點（對華問題或亦涉及），如日本不能承認，則亦不惜與之決裂。日本之態度，當於九月十日以前可見分曉云。繼又與唯果談當前政治問題及青年問題，上午遂不及作他事。午後小睡一小時。芷町延

張閬聲師來為余診脈，處方四劑，云當長期調養，而冬令則可進參茸也。閬師今年六十，氣色充盈如四十許人，健談久之，並邀其診四弟之疾，四時後別去。處理積疊函札十二緘，又親覆私函六緘，閱六組件十六件，並不覺憊。今日腸疾似已將痊，仍瀉二次，較前通順矣。夜毓麟來談外交部事甚久。芷町來談。閱四組件三件。十一時卅分就寢。

8月27日　星期三　陰雨、下午霽　七十六度

六時卅分起。做函四緘，以國際通訊六期呈委員長。今日決定赴老鷹岩作旬日之休養，處理諸事畢，即偕允默於八時動身，自復興關側之公路而往，經過之處，多為田野，自車中閒眺，足以曠目怡胸，與取道化龍橋、小龍坎不同矣。九時抵山寓，安排几硯，與家人敘話，此來專為調養，擬不作繁雜之事。午、晚兩餐均食麵包，以腸疾未痊癒也。午後小睡至四時許，可謂久矣。閱錢穆近三百年學術史二章（黃梨州、王船山）。傍晚散步一小時。夜十時就寢。

8月28日　星期四　雨　七十七度

七時卅分起。閱錢穆近三百年學術史王船山、顧亭林二章。十時卅分顧孟餘君來訪，談中央大學內部情形及整頓計劃，將從改進軍訓，振飭紀律著手，可謂得其要領。蓋中大之弊，首在學生風紀之散漫，而學術風氣固尚

不落後也。午後小睡一小時餘，續閱近三百年學術史，顧
亭林及顏李之學二章。傍晚與允默及諸兒出外散步，視察
防空洞，值林主席於途，趨問安好，蓋外出巡視田園也。
今日腹部仍漲滿不舒。夜無事十時就寢。

8月29日　星期五　陰　七十四度

　　七時起。昨夜中宵忽醒，不能成寐，歷二時許始復
入睡。故今晨殊困疲。連宵多夢，夢中多可憂之事，知心
神未寧也。腸部之疾恢復極緩，今日更覺漲悶，且頭暈加
劇。國府李醫官志伊來視病，前年養病山中時舊識也。接
陳清送來重慶函，知六弟婦在港逝世，念六弟何以遭此艱
難，為之悵悼不置，即作一書慰之，仍交陳清攜去寄發。
又知四弟瘧疾熱度未退淨，亦仍可憂。蜀省之瘧疾與他處
不同，其種類甚多，而延滯難痊，有亙匝月而未癒者。至
惡性瘧疾，尤足傷人身體。四弟幸尚非患惡性瘧，然客中
罹病，亦至辛苦，甚望其早痊也。續閱錢穆近三百年學術
史，閻潛邱、毛西河、李穆堂紱及戴東原章。今日心緒不
佳，看書不能得益，且目眶覺乾燥，殆視神經疲勞之故，
即輟讀焉。午後不思睡，無聊已甚。讀唐人文自遣，以其
為大字版，不費力也。張道藩兄自歌樂山來訪，詳談中央
政治學校事。謂教務主任殊難其選，亦見本黨學術人才之
缺乏，相與嘅息。談一小時餘始去。傍晚情緒更抑鬱，勉
自平抑之始已。服張閬聲師之藥已三天，殊未見效。夜與
諸兒談課業，九時五十分即寢。

8月30日　星期六　晴　八十度

六時一刻起。補記廿八、廿九日記。今日精神較爽適，蓋昨晚服藥一丸有半，能安睡之故也。作致希聖函一緘，論理論人才缺於培養之失。九時後聞敵機自鄂出發者有數批，十時卅分發緊急警報，至午後三時始解除。聞第一批襲磁器口，二、三、四批均炸黃桷埡、汪山附近。山中草舍被毀。第五批炸上清寺、學田灣、兩路口云云。曾於休息期間謁林主席談近事，並訪鄧亞魂秘書。午後家人蒸南瓜餅，余不敢食。今日腸患似已癒，但腹中仍漲悶耳。五時往訪丁鼎丞先生，說其所著俚言解故。丁先生以方言考古經音義，發明甚多。七時歸晚餐。夜九時卅分就寢。

8月31日　星期日　晴　八十二度

六時卅分起。昨晚仍服安眠藥，故睡眠甚濃。今晨精神殊佳，腹部之患似將全癒矣。閱報及參考消息，美日之間方在作重要之談判，美國意向何如，關係比後之世局甚大，此數日間乃為極微妙之時間也。九時祖望偕胡、竺兩副官來，視察防空洞。十時緊急警報，入林主席之防空室，與彭浩徐君談交通建設及教育。午後三時始解除。今日敵機六、七批來襲渝市內外，損失必不小也。核閱文件七件，又閱外交電十六件。作函覆芷町，並以一函呈委員長。夜與諸兒閒談。擬為蔣夫人撰文字不果。十一時入睡。

9月1日　星期一　晴　八十四度

七時起。閱李中襄君寄來「中共中央對國際局勢之聲明」，猶一再以肅清抗日陣線中之第五縱隊即親德派、親日派為言。玩其語氣，不僅在中傷中央，搖惑民眾，抑亦有自危之意。或受命蘇聯而為此言，唯恐中國不能完全倒入蘇聯之懷抱（蓋彼輩固知中德人民間以往有深厚之友誼，而不悟今日兩國已正式絕交）歟。又讀陶百川寄來拉鐵摩爾「抗戰四年」論文一篇，載太平洋六月號，其論中國抗戰之性質，頗有見到之語。唯謂中國之農民要求選舉權，則完全為外國人之見解。百川謂其思想左傾，夫左傾何害，惟篤信中共絕對虛偽之宣傳，則所論必無根據耳。寄回渝寓，繕呈委員長閱之。今日因昨晚睡眠不佳，又甚感疲倦，患頭暈不止。十一時有警報，下午三時許解除。在主席防空室內晤童冠賢、戚壽南兩君，知中大受損毀尚不重。回寓後亦不思再睡。室內供桂花一膽瓶，清香撲人，讀書其中，甚足樂也。閱錢穆學術史，讀畢戴東原一章，考訂太詳，有涉瑣碎者，以為其著書體裁殊可商也。今日為九月一日，一年光陰已告三分之二，為之惕然。此後當如何自勵乎。楚傖歸，往訪之。夜九時半寢。

9月2日　星期二　晴　八十八度

六時三刻起。昨晚雖服藥一丸有半，而中宵仍屢醒，清晨五時亦即醒覺，可知安眠藥對余之功效甚微也。天氣轉熱，上午八十五度，正午升至八十八度。余之腸患

今日有痊癒之象，唯目枯頭暈未痊耳。九時葉君楚傖來訪，談峨眉休養之經過，並詢余中樞一月來之大事。對於中央黨部之工作散漫，謂積習不可驟革。而於香港盛行之反中央宣傳，則謂宜運用政治、外交之力量以制之，未及理論鬥爭之建議，所見與余稍異也。閱錢穆所著學術史章實齋章，其識解較前章有進。午餐後接谷冰、芸生函，言季鸞患疾甚劇，已入醫院，囑覓人工養氣。為電話俞大維署長，商請供給。三時請李醫官再診余病。四時到中央醫院第七病室視季鸞，見余至似甚驚愕，以手相握，謂此病不輕，又言，「此番糟極了！」余慰以靜養，請勿過慮，彼重與余握手道謝。出病室，往見吳院長紹青，鄭重囑託，請其盡心療治。吳謂兩肺均壞，呼吸極促，已入嚴重期，不禁悵然。如此純篤忠勤之士，乃不及見抗戰勝利乎。甚望其終脫危險也。再至病室，慰張夫人。與甘自明（亦在院養病）巡視院內一周而回。以電話報告委員長，囑蔣副官轉陳。歸後仍思之不置。閱報知蘇德戰事甚緊，又聞重慶大學有風潮。夜納涼。九時三刻寢。

9月3日　星期三　雨　七十六度

六時起。昨晚大雨，今晨猶不止。天氣驟涼，余之腸疾至今日可云痊癒矣。偶念浙中友人，作一長函致黎叔，一下筆不能自已，將抗戰以來之服務情形及身心衰退、工作效能低減之經過，盡述之，胸中所積之悵惘為之一吐。十時以電話詢中央醫院吳院長，知季鸞之病上午較

好，惟願其脫離險境。午後忽疲倦思睡，四時始起，陳清
自渝來，攜來文件一夾。閱外交電八件，作覆函五緘，簽
呈委員長者二件，閱四組公文四件，約一小時餘始畢。夜
接四弟函，閱雜誌。十時就寢。

9月4日　星期四　晴　八十度

六時卅分起。七時卅分到山洞理髮，隨即至中央醫
院，再視季鸞疾。見其呼吸更促，見余至，甚表感激。出
晤余醫師（江西人），謂脈搏變壞，恐疾不可為矣。與其
甥高之伋（集）談數語，欲見吳院長，知無暇，遂歸。念
如此好人，豈真不救歟。悵惻久之。張曉峯兄所主持之
「思想與時代」雜誌將出版，先以初印本見示，讀之覺
篇篇精湛，甚為可喜。午餐後小睡至三時始醒。陳清自
渝來。作致滄波、曉峯及四弟等函，畀其攜歸寄發之。
讀學術史章實齋章畢，傍晚外出散步一小時。夜閒談，
十時就寢。

9月5日　星期五　晴　八十四度

六時卅分起。昨晚為蚊蚋所擾，中宵屢醒，未能熟
睡，故精神又感疲憊。起床後頗患頭暈，腸胃又不佳，且
有心跳之象。九時後服 Ipral 一丸，安睡一小時許，心跳
始止。今日天氣驟熱，覺不可耐。午後接重慶寄來函札文
件，大哥來函，謂讀余文字，較去年底為神完氣壯，想身
體較健，其實此半年間余之身體正日衰也。唯果來函，言

患瀉疾，亦頗疑是患痢，但仍作長函慰余，且為代呈寬展假期，其意甚可感。四弟之病熱度已退，然較常溫高出三、四分，擬往醫院檢視肺部云。四時委員長電話約同往中央醫院視季鸞疾，余先去醫院，晤吳院長及谷冰、芸生、蕭仙閣、屈武諸人。醫者言，今日體溫、呼吸均較佳，但肺部情況無進步，甚為可憂。五時卅分委員長至院，臨季鸞病榻前殷殷致候，季鸞言，不料此次患如此大病，又連言承臨問，感激不盡，連續呼謝謝不已。然其呼吸迫促，實不忍見也。送委員長至公路側，仍回醫院，與吳院長略談而歸。閱涯民兄寄四弟函，得知家鄉近況。又閱參考消息五件、于斌論文一篇。晚餐後洗浴，在庭中納涼。至九時五十分寢。

9 月 6 日　星期六　晴　八十七度

五時方在矇矓中接右任先生來電話，知季鸞於今晨四時長逝矣。季鸞忠誠愛國，出於至性，抗戰以來，晝則運思，夜則奮筆。其貢獻一切，以求抗戰勝利，革命成功之一片至誠，在中國國民黨黨員中且不可多見。嘗自謂弱冠得事中山先生，垂老得為中山先生之繼承人蔣先生效力，乃生平不可多得之兩大際遇。故疲身勞神，或奔走道塗，或獻替帷幄，其忠勤有為外人所不詳知者，而出其精悍之舌，銳敏之思，以從事於對敵人攻心之工作，亦有非外間所得而詳者。今抗戰局勢甫見曙光，而奪此念念不忘「國家至上」之論士以去，天乎何酷。知其臨歿之靈必不

暝矣。以電話報告委員長後，六時卅分到中央醫院臨視遺體，與其夫人談臨歿情形，淒愴之至。右任先生及谷冰等來，為安排殮室，備辦殮具，九時始歸。念念不可置。午後為委員長草一唁電，四時再至醫院視殮。到新聞界友人及其鄉友凡二十人，其子士基，年纔五齡，出而拜謝，英嶷過人，喜其有後也。與吳院長商殯地後，至右任先生寓，邀張夫人共商後事。決定暫葬四川，不遷陝。八時始歸。委員長電話來詢，將經過報告之。夜較熱，未作事。十一時寢。

9月7日　星期日　陰晴　八十二度

六時卅分起。昨服 Luminal 半丸，乃得酣睡。諸藥中，唯此最有效也。作函數緘，皆友人請託者。並覆四弟一函。十時張壽賢、溫叔萱兩君來談九中全會事，出示秘書處所擬之議題及總裁之批示，深慨中央黨部同人能知要計求實際者之太少也。午餐後已將一時卅分矣。小睡至三時餘始起。知谷冰曾來訪，讀其留書，謂季鸞之厝地已覓定，厝墳工程亦已著手矣。傍晚及燈下讀近三百年學術史凌廷堪、阮元章。今日精神較佳，而頗苦悶熱。十時就寢。

9月8日　星期一　陰雨、白露　七十四度

七時卅分始起。入山以來，今日為最遲起矣。自昨晚下雨，至今晨八時卅分始霽。讀錢穆學術史論方東樹等

諸人一章，頗佩其言論之卓。十一時出舍外散步，遇林主
席於屋後坡上，邀余同行，為指示養魚及樹蔬蒔花之道，
使余心胸曠怡，聞所未聞。又獨遊花圃，美人蕉盛開，觀
賞久之，履為之濕。午後小睡不成眠。作函呈于先生。重
慶遣人來，處理文件二件，核閱報銷冊二件，又理函札五
件。作致谷冰、芸生一函。夜讀國際通訊兩期，閱西班牙
遊記。十一時寢。

9 月 9 日　星期二　大雨　七十二度

六時起。寫雜憶數段，記肄業浙校時情景，張閬聲
師所命，以其今年六十歲也。覺文字拙滯，極不暢達，遂
置之。十時應昨日函約，到雲龍路于先生宅，坐待于先生
及胡政之（擬會談季鸞身後事），久久不至。與于先生之
婿屈武（經文）談德蘇戰局。屈君曾留學蘇聯之陸大，曾
被流放於北冰洋云。十二時仍不至，遂歸。嗣聞車壞，故
未來也。昨夜大雨傾盆，今日天容如墨。午後小睡約二小
時，頗患頭暈骨酸。讀學術史六十餘頁。傍晚政之、谷冰
來談。夜十時寢。

9 月 10 日　星期三　陰　六十九度

六時五十分起。天氣陰晦而有微雨，精神不舒，且
有牙痛之疾。閱近三百年學術史最後一章。下午六時畢。
全書七〇八頁，今日讀完。覺此書持論正大，編次有法，
惜戴東原一章頗嫌瑣碎，諭旨難明。余以為錢君學詣湛

深，記誦甚廣，而文字似不足以盡達所欲言也。午後三時
于先生到寓相訪，談季鸞身後事，兼及民國十四、五年時
情形，又談國際局勢，深以美日成立臨時妥協，將不利我
抗戰為憂。余謂美日必破裂在遲早而已。燈下為蔣夫人改
撰講演詞一篇。夜十二時寢。

9月11日　星期四　雨　六十八度

七時起。昨夜又大雨竟夕，新禾將登，而殊無晴
意，甚可慮也。遣陶永標赴重慶，送文件上委座報告三
件，寄蔣夫人及諸友函五件。樂兒要求往視四叔，搭車同
去，午後四時始歸。閱報知美日談判有接近之象，張子纓
有論文，促美國勿貽後悔，立言甚得體，因嘆專題必須專
家論之也。午餐後小睡近二小時起，而兩目作痛，殆睡太
久歟。閱重慶送來文件十餘件，並閱剪存之美日關係材
料。覆貞柯一書，告近狀。夜寫和風篇，為張閬聲師六十
紀念。九日所寫雜憶為語體，今日改撰為文言。十一時始
脫稿。即寢。

9月12日　星期五　雨　七十度

七時卅分起。閱國際通訊第六十三期，論經濟、物
資各文，多切實可誦之作。連日天雨，不能外出散步，骨
節疼痛之患又作，精神亦不如前週爽健，意緒沉鬱，無可
排遣，可知健康實未恢復也。午後小睡達二小時，醒後仍
覺頭痛。回山中以來，僅腸患痊癒，今日已復原狀矣。蔣

國濤兄來訪，談其家庭生活及新嵊奉一帶游擊戰情形，語氣不詳，由消息隔絕也。覆大哥一長函，告半年來之旅況，又覆貞柯函，致六弟函。夜十一時就寢。

9月13日　星期六　陰　七十度

八時始起，以昨晚睡不佳也。九時卅分接望弟來電話，謂九一八紀念，委員長仍命撰發文告，並已批示要旨。十時重慶遣人來，送到本日報紙，閱羅斯福十一日晚間之廣播演說，專對德國，儼如宣戰檄文，而未提遠東隻字，與事前一般推測者不同也。四弟寄我參考材料一束，即覆一書，將應辦各件交來人送去，已達正午時矣。午餐食蒸鴨甚美。午後小睡至三時醒。城塞局派人來接洽防空洞工程，未晤。閱方樂天所著「太平洋大勢」。傍晚外出散步。夜準備作文材料。十一時寢。

9月14日　星期日　陰　七十度

七時起。為邁、遠、遂三兒各書一自省課目，召集講解之。蓋性行各有偏至與缺點也。講畢付之保存。細見亦與於聽講焉。致泉兒、皓兒各一書。午餐後小睡一小時卅分，起而準備論文。朱君驪先偕楊公達來訪，談西北旅行觀察之經過。盛稱寧夏、青省兩處省政之美，暢談約二小時許。傍晚外出散步歸，國府李醫官志伊（名任）為余再來診疾。言脈搏較前健壯許多，而腸壁未健全。再為處方而去。晚餐後八時起，起草九一八紀念文字，詞意枯澀

之至，至二時始完成。遂就寢。

9月15日　星期一　陰晴　七十三度

八時四十五分起。以昨睡太遲也。來山已二旬，今日回渝銷假。十時卅分整理畢，由山中動身，十一時十分到達，知委員長另有手條，囑擬「九一八」十週年告友邦書，遂往與雪艇相商，決以告友邦之書歸入告國民書之內。談至十二時歸，毓麟來談。午餐後小睡一小時餘。四弟來談甚久。泉兒今日歸省，詢其近狀。四時武鳴來訪，方擬作文，而四弟以函件見示，成惕軒亦來談。六時芷町來報告二旬來各事，直至九時卅分始畢。今日條委梁大倫為四組書記。核文件七件，時已遲，遂未作文。十一時寢。

9月16日　星期二　晴　七十五度

六時卅分起。盥洗畢，閱本日將紙，八時開始改撰九一八告國民書，補充二段，論東北與世界之關係及我國對於保持東北主權領土之決心。因原有底稿，故進行尚順利，十時卅分完畢。即交清繕，於下午一時送出。唯果病癒，於十一時來談。唐組長乃建亦來訪。均午餐後去。公展來訪，商九一八紀念事。午後小睡一小時餘。處理函札四緘，閱六組情報四十餘件，批表約二十件。與泉、皋兩兒談話。夜處理四組文八件。十時自誠來，言九一八書告須改撰白話，即囑其代擬焉。十一時寢。

9月17日　星期三　陰　七十二度

七時卅分起。遷延晏起，殆因夜睡太遲之故。八時卅分自誠以改就之「九一八告國民」之語體廣播詞送來，為之通閱全篇，將不甚妥之語修改而刪潤之。十時卅分完畢，即交彼攜去。並摘要點，於下午二時先送國際宣傳處譯英文，以備預交外報發表。與宣傳部接洽廣播。閱六組文件五十餘件。六時中廣播音員攜器械赴南岸，七時卅分播音。芷町來談四組公事，親為處理，計八件。九時五十分自誠來，知廣播詞續加二段，為整理文字，即交中央社發，已十一時矣。遂寢。

9月18日　星期四　陰　七十二度

八時卅分起。今日更遲起，精神不濟，或亦氣候關係也。午前閱外交電多件，與岳軍主席商教育問題為重慶大學事，在電話中談四十分鐘。唯果來談國事與入事，午餐後去。今日以和風篇囑四弟送張閬聲師，為先生壽。午後二時小睡，乃至四時卅分起，真荒怠之至。學素攜四組發文一疊來，為核閱改正，至七時始畢。夜季陶來談經濟，主張平抑工價，以抑低糧價與物價，十時始去。實之來談工作，望弟、四弟來談。十二時始寢。

9月19日　星期五　陰雨　六十九度

七時卅分起。寫報告一件（關於工價、物價者），未完畢，以有客來遂中止。約墉伯、翼文、孟純三君來，詢

工作進度，並指示進行辦法，又約孟海來談。十時卅分偕
四君同過江，往謁委員長。余先入見，報告重大問題及延
安來電對案之意見。委員長旋下樓接見，留共午餐，詢工
作及讀書情形，並交下宋元學案，交三君標點。一時卅分
辭出，往訪侍衛長及俞秘書，談家鄉情形後，二時五十分
渡江歸。與岳軍、雪艇通電話。四弟介紹蔣君章來談，擬
約其入五組共事。閱六組情報十二件，閱四組發文十件，
又來文六件，芷町昨、今兩日均請假也。佩箴來談甚久。
十時卅分寢。

9月20日　星期六　陰　七十度

七時卅分起。閱參考消息及外交電等件，又閱徐文
珊君關於文化運動之意見書。十一時羅貢華君來訪，談鄂
省府及六戰區各情形，備言鄂北、鄂東軍政事權不能統一
之害。又攜來辭修主席一函，為省參議會改組事。留貢華
午餐後，再略談而去。午後小睡起，忽覺疲甚，乃再就
臥，則發冷甚劇，可覆重棉，測熱度為華氏一○二度，頗
似瘧疾，即服奎寧丸。晚餐後芷町來談公事，只得臥而聽
之。腹部作絞痛，下水瀉五次，不知是何症狀也。七弟皋
兒先後來，十二時始入睡。

9月21日　星期日　晴、上午日蝕　七十二度

晨七時醒，測熱度為華氏九十九度。吳醫來診，謂
宜預防瘧疾，兼投止瀉劑。然腹痛水瀉仍竟日未已，殊感

困倦。今日泉兒、細兒等均自山中來，十時遣人送明、樂兩兒就學於廣益中學。向午辟塵來談。午餐後洪芷坨、羅迪先兩君來訪，扶病見之。談浙省教育情形，約四十分鐘別去。今日實行減食，並以溫水幕於腹部，但無甚效果。傍晚■兒為配水劑一種，連服兩劑，似稍舒，亦未發熱。夜十時即滅燈睡。

9 月 22 日　星期一　陰　七十四度

七時卅分起。今日無熱度，而腹痛仍未止，又水瀉四、五次，不能久坐，只得偃臥休息。國防委員會、中央常會亦不及出席矣。九時唯果來訪。九妹自沙坪壩來，與之談中大校況，知十月初不能開學也。午後小睡未熟。四弟及泉兒、細兒更番來余室閒談，以慰余病中之岑寂。余覺四弟太好談，其實多言傷神，不獨耗時而已。鶴皋來視余疾，亦談一小時許始去。病不算痛苦，而友朋之情可感。晚餐後覺稍癒。芷町來接洽公事，核閱四組件十五件。十一時寢。

9 月 23 日　星期二　晴　七十四度

七時卅分起。今日腸疾似已大癒，但精神尚疲，以泄瀉次數多也。心緒不能寧謐，閱報以外，暫不作他事。致亮疇、雪艇各一函，閱呈鯁生及希聖報告各一件，上午便如此過去矣。午後小睡起，閱六組情報件十六件，批表二十餘件。洪瑞釗君勉來訪，談黨務及文化建設約一小時

餘始去。晚餐後由辛來訪，談經濟調查處工作計劃。八時
卅分起，處理四組文件十時卅分畢，四弟來談甚久。十一
時卅分寢。

9月24日　星期三　晴　七十四度

七時卅分起。精神仍未復原。有成惕軒秘書來談，
對第六組職務尚無專任之決心，恐難勝任云。旋唯果來談
頗久。十時發空襲警報，敵機三架襲川，當以近日湘北戰
事緊急，我機昨往前線作戰之故。十二時解除。政之、芸
生來談，即囑唯果陪之過江，往謁委員長。午後小睡，後
又水瀉二次，腹疾終不能痊也。閱六組情報件十二件，夜
同人宴迪先、芷坨，頗憶浙教廳舊事。芷町來處理四組文
件九件，為委員長擬輓季鸞先生聯，余亦自擬一輓聯，孟
海所撰，而下聯則自為改潤之。蔣夫人有件相囑，夜闌不
及為。與九妹、泉兒、細兒等談家事。十一時就寢。

9月25日　晴　星期四　七十二度

七時起。以季鸞之逝，余獨無悼文，明日為其三
虞，特撰「追念張先生」一文，述相交之經過及其言行，
為余所能憶者。文成讀之，逾二千言，然所欲言者猶未盡
也。季鸞近年對國事前途與革命義諦認識甚深，雖無黨
籍，而熱情炯識，過於一般塗飾門面以談三民主義者。余
此文特送中央日報發表之。午後小睡至酣，又水瀉二次，
尚不劇。傍晚閱六組呈件十八件。乃建、孟海先後來談。

孟海謂西北甘新應注意。泉兒來告別，明晨返所矣。閱四組件後，十一時寢。

9月26日　星期五　陰　七十五度

八時十分起，昨晚服 Luminal 半丸，故睡眠較酣，然仍有水瀉也。九時往嘉陵賓館，向季鸞先生靈前行禮。與政之、谷冰略談後即歸。唯果來談週刊社收支情形及下年進行各事。十一時顧翊羣來，談農民銀行事及財政情形，與平衡概算之意見甚久。鐵城先生來談全會議題、海外黨務與宣傳，一時卅分始去。午餐後小睡起，竟又連續水瀉不止。至夜共瀉六次。四時何淬廉、范旭東二人來談硝酸工業建設及南開經濟研究所事。五時鄭彥棻君（粵秘書長）來談粵省政及糧政、財政與教育。處理函札十一緘，閱外交電六件。夜處理四組文件十二件。芷町來談，出示其輓季鸞聯，雋逸之至。與望弟談，至十二時寢。

9月27日　星期六　晴　七十四度

七時卅分起。水瀉仍不止，雖精神無改，而起居甚不便。約吳醫再來診，亦不知其病因，但囑檢驗糞便而已。九時俞鴻鈞次長來，談外匯、糧政、概算、物價等問題甚詳。旋唯果來談昨日見客情形。午餐後小睡一小時餘，水瀉又作。四時孫澄方頃波秘書、張德流君先後來見，皆奉命代見之客也。張德流提一意見書，頗越軌立事，不甚以為然。李石曾先生來訪，談在港晤梁漱溟及孫

夫人等之經過，談一小時許而去。閱參考資料數件，以二件呈閱焉。周國創股長來談。傍晚毓麟來談。八時晚餐，閱六組件十二件。九時後處理四組件。瀉似已止，精神較倦。十一時就寢。

9月28日　星期日　晴　七十六度

七時卅分起。遣細兒回老鷹岩，致允默一函，告病狀。覆曾慕韓函及六弟函（明日寄出）。修改蔣夫人雙十節講稿，以客來中斷。今日水瀉仍未痊癒，殊不可解。皋兒來，謂檢驗結果，腸內並無寄生菌，宜再以止瀉劑治之。午餐後有警報。唯果、泰華兩兄來談。今日敵機偵襲市郊，不久即解除。午後小睡至四時五十分始起。賀貴嚴兄來談軍事，兼慰余疾，言長沙危急。夜處理四組文件十件，改蔣夫人講詞畢，十二時就寢。

9月29日　星期一　晴　七十六度

七時卅分起。不及參加紀念週，以精神未全復。如參加集會，則見客洽事，紛忙備至，將不堪應付也。今日委員長在曾家岩見客多人，午後一時召余去，詢病狀，並囑致贈季鸞賻儀，並囑咐數事。出至四組一轉，約谷正鼎來見。正鼎到已十日，交際科未為呈報，辦事之緩慢可想見矣。以公函致秘書廳，奉諭再調成秘書服務三個月。閱教育論文多篇。閱六組呈件。夜訪政之，面致張宅賻儀，請其轉交。十時始歸。處辦四組各件。十一時就寢。

9月30日　星期二　晴、下午有風　七十二度

　　七時起。今日泄瀉約十次，但已非水瀉。金誦盤、吳季高兩君來，為余會診，斷為腸蠕動機能之減退，而非亢進，故用藥宜改。誦盤並勸予宜乘冬令多進營養料，以增加體重。蓋余近來只九十磅而已。上午在寓閱書報，未作他事。午餐後睡二小時。近來晝睡時常覺疲乏，而不能遽醒，夜眠雖服藥亦不能過六小時也。訪果夫詳談縣級幹部之訓練及其他。蔣廷黻秘書長來約會，未及晤，擬明日訪之。夜張公權君來訪，談金融經濟問題，甚久而去。處理四組件十六件。十一時卅分寢。

10月1日　星期三　晴　七十四度

　　六時卅分起。七時卅分到堯廬訪貴嚴談話。八時舉行國民月會。九時舉行業務檢討會議，到組長、參謀、秘書、組員等十六人，由余主席，各組報告工作概況，余及賀主任加以指示，並討論相互加緊連繫辦法。十一時散會歸，閱報及參考消息。十二時唯果來，報告昨日見客情形。核定三民主義週刊論評。午後小睡至三時後起。今日上、下午、夜間各瀉一次，請王墉伯來診視處方。五時道藩來，談中央政校各事，七時去。閱六組件。晚餐後已八時矣。核閱四組文件八件訖，倦甚，十時卅分寢。

10月2日　星期四　晴　七十四度

　　七時起。聞湘北前線戰況極佳，敵已北竄，我軍正追擊包襲中。此戰克捷，不僅振奮人心，於後方經濟之穩定，關係尤不淺矣。十時張洪沅君來訪，談重慶大學整理之步驟。張君四川華陽人，現任川大理學院長，其論辦學，頗有見地，談一小時許始去。徐道鄰參事自意大利回國，今日到渝，向午來訪，晤談極驩，留與午餐。余之腸疾今日仍未已，午前瀉三次，午餐後休息甚久，起而復瀉至四、五次，精神又稍疲，不能了既定之工作，殊可憾也。四時唯果來談。閱六組呈件十八件。夜處理四組文件十二件。十一時寢。

10月3日　星期五　晴　七十六度

六時起。今日腹中稍舒，腸胃漸安定，或服藥已見功效矣。本擬去黃山謁委員長，聞指示前方作戰甚忙，蓋敵渡新黃河犯豫，其企圖當不單純也。約唯果來談今後之工作。作私函數緘。午餐後實之表弟來談中央秘書處事甚久。小睡約一小時，覆蓋太熱，略有頭暈。四時出席法制教育專門委員會，審查教職員卹金養老金辦法。退謁委座，有所報告，並奉諭擬文字。夜處理四組文件十四件。國華等今晚赴桂，未及送行。十一時後寢。

10月4日　星期六　晴　七十七度

七時起。今日精神甚佳，以腹疾已全痊。延王墉伯君再來診視，謂脈甚軟弱，脾未大健，仍宜服藥調治之。閱報紙及參考消息後，處理函札六緘。唯果來談昨日六時美副國務卿Grady見委員長談話概要，並商雙十節文字之內容。午餐時佩箴來訪，談農行事，深以為主持者不得其道，然亦無具體之改革辦法。余勸其不妨暫時靜觀，總有解決之法。小睡約一小時餘起，仍有水瀉，真出意料之外。祖望攜函件一夾來，為之批閱，甚感疲煩。改定一日會議紀錄。德哥來，竟未及談也。閱六組情報十八件，稍稍整理畢，六時卅分回老鷹岩寓。為蔣夫人改文稿。十時卅分寢。

10月5日　星期日　晴　七十九度

　　七時起。今日腸疾痊癒，惟眼枯神倦，尤以不能用腦為苦。此兩週來，每週思考一問題，即感注意力不能集中，亦不知何故也。擬服胚胎素以強神經，今日開始服之。九時到官邸謁林主席，代表委員長報告赴前方事。主席兼詢及外交、黨務諸事，談約一小時餘出。又往訪顧孟餘校長，談中央大學各事及戰時經濟等。十一時卅分歸，李石曾先生來訪。午後小睡一小時餘起，覺目痛，天時忽變酷熱，外出散步久之。今日為中秋夜，月色極美，賞玩久之。十一時寢。

10月6日　星期一　晴　七十八度

　　七時卅分起。本擬今日回渝，以精神未復，且須服藥，乃再留一日。以雙十節文告分託李唯果、王冠青兩君撰初稿，囑陳清攜歸途達。蓋余今日頗自感不能集中精力以撰文字也。整日在山寓休息，閱曉峯所輯中國歷代教育家史略。此文甚為委員長所激賞，特為專輯小冊印行，故為親簽書眉焉。傍晚外出散步，約一小時而歸。夜閱二十八年國慶紀念論文集，搜集參考資料。今日止已服中藥六劑，腸患似痊癒矣。與家人略談，十時寢。

10月7日　星期二　晴　八十度

　　五時三刻醒。六時即起。至舍外吸清空氣，觀日出峯巒間，胸襟殊為開爽。午餐後為委員長起草告各大學校

長教授書，以整飭學風、嚴於管教為主旨。叉奉諭須加入糾正以不入黨為清高之意，以是頗覺措詞至費平章。中間丁鼎丞先生來訪，談卅分鐘；又陳延祚秘書來接洽事務，為之兩次中輟，至十一時始完稿。即攜細兒、皚兒同車歸寓。細兒到小龍坎即下車赴學校，余到渝寓已逾十二時矣。一時午餐，唯果來說。閱李、王（冠青）兩君文字，小睡至四時起。閱六組文件四十餘件，約已積疊三日矣。接國華電，謂週內不能歸，雙十文字擬電前方決定。夜芷町來。十一時就寢。

10 月 8 日　星期三　晴　八十四度

五時起，昨晚服安利納洽丸仍不熟睡而早醒。盥洗畢，靜坐二十分鐘。六時即著手起草國慶日告軍民書，以須電報請示，故改用文言，力求簡短。八時卅分寫成，閱之尚有氣勢。即交繕寫，九時後囑祖望攜送機要室發電。十時張述耘君來訪，談武嶺學校各事。閱參考消息及外交電，午後小睡一小時餘，天氣躁熱達八十四度。閱青年團所編「團長的生平」，覺不妥處甚多。延塸伯來診方，再服中藥。傍晚實之來談。夜參加第五組業務檢討會議，核閱四組文件十二件。十一時洗澡就寢。

10 月 9 日　星期四　晴　八十五度

七時起。近日心思閒散，擬乘比暇時養息精神，故僅讀書而不作事。自驗此心近三月來略能做到「放得下丟

得開」之工夫，然當慎防因此流於荒怠也。讀宋元學案一冊，閱雜誌數種，處理函件六緘。正午以電話與國華接談，午餐後循例午睡，至三時起。眼球發紅而略痛，想係枕心為棉花所製，故睡久則血液充於頭部。與國防會諸同人書。唯果來談甚久。六時聞宜昌有克復之訊，與南嶽通長途電話，改正雙十節告軍民書。八時送發中央社刊佈。芷町來，接閱四組文十件，代批五件，與芷町談甚久。十一時寢。

10月10日　星期五　晴、夜大雨　八十四度

七時起。以國慶令旦不能不早起，其實睡未足也。八時到國府，參加慶典，遇熟友多人，相互致賀。今日參加者人數極眾，林主席訓話歷三刻始畢，全場空氣肅穆而奮興。禮畢與亮疇、鐵城、藹士諸先生及厲生兄略談而歸。潘伯鷹兄來寓相訪，談文字及其他。旋外交部錢階升次長來訪。客去後由辛來，留與午餐，舉杯酌酒，賀湘北鄂西之捷。蓋今日我軍已完全開入宜昌矣。午餐後小睡起，熱甚。閱第六組情報及批表五十餘件，端緒殊繁。夜接委員長來電，為羅傑士事，即轉郭外長。十一時寢。

10月11日　星期六　陰雨　七十六度

七時起。閱參考消息及外交電十餘件。英國對日美談判，極望其得一結果，以便美國得集中全力以顧大西洋。人孰不私其國，吾人固不當迷戀於其浮面之甘言也。

上午接見二客，均來陳述黨務意見者。午餐後小睡一小時，叔諒攜鎧兒往觀國防科學展覽會，歸來為備言其詳。閱六組情報十八件，蘇聯軍事漸不支矣。希聖來函，並寄國際通訊刷新號，讀其論文七篇。又閱曉峯論均權一文。夜處理四組文件十五件。十二時就寢。

10 月 12 日　星期日　陰　七十四度

七時起。今日自驗精神較前週為佳，殆服 Embryex 之效。然初醒時必患頭痛眼痛，須歷卅分鐘始癒也。閱三民主義週刊二冊、國際通訊一冊。國際通訊內容精實，殊為現時刊物中所不多見，陶君成功矣。十時往訪季陶，談考試院及銓敘部等事，即留彼處午餐。季陶健談更甚，使人不能起身，以無要事，亦樂于傾聽之，回寓已二時半矣。小睡醒後，閱六組情報件，唯果來談，為改定短評。傍晚鶴皋來。夜理四組件十二件。十二時就寢。

10 月 13 日　星期一　陰晴　七十四度

七時起。覆大哥一書，並致顧孟餘先生一書。處理函札數緘。八時到國防最高委員會謁亮疇先生，承示研究集體安全之初稿，洵屬偉著。雖寥寥十四項，而包舉博大，至可佩也。滇生、君默、鶴九、振夫、唯石諸人均來談，倍見親熱。十時出席九中全會提案研究委員會，戴、鄒發言甚多，鐵城有報告，至十二時始散會。歸寓午餐畢，又與唯果談卅分鐘。今日午餐，對四弟評其太周到，

語太急直，事後思之，實不應如此，後宜改之。小睡至三
時餘起，閱六組情報。約成惕軒秘書來，指示要項，與談
甚久。六時赴復性書院董事會，尋地址不可得，廢然而
返。夜藕舫、芷町來。十一時寢。

10月14日　星期二　陰　七十二度

七時起。昨晚又服安眠藥，而睡仍不酣足，中宵屢
醒為苦。午前閱外交電及參考消息多件。泉兒來商出處，
余告以宜就中大講師之聘。辟塵來談半小時去。十時童行
白君來辭行，將赴南洋任辦事處主任，與之詳談在海外工
作要點，歷一小時餘，不覺言之長也。君誨先生來訪，出
示壽沈佐卿六十文一篇。午餐後小睡起，與四弟談工作，
作致港友函三緘。大哥六弟及家信各一緘，又致曉峯一
函。傍晚毓麟來詳談。夜閱六組情報件二十餘件，處理四
組件十二件。十二時寢。

10月15日　星期三　陰　七十度

七時起。致國際宣傳處一函，寄去蔣夫人文稿。八
時出席黨政考核委員會第四次會議，到戴、居、孔、薛、
賈、王、吳諸人，由孔主席。黨政兩組提出二十九年度成
績考察報告，由李、蔣兩君分別說明，討論甚久。決議兩
報告均接受，呈委座核定後交國防最高委員會分飭遵照改
進。委員長原意欲會中評定各部會處成績之優劣，命以評
定優劣，必先定共同之標準，本年度實地考察，尚屬初次

施行，執行考察人員，或尚難免有詳略不一之處，故評定優劣，其事較難，且考核工作之功用，重在積極方面指示缺點，督促改進，故主張將報告書之總結及對各單位之總評，分別以令文抄發，俾各單位知所省察而改進。討論至十二時始散會。與蔣秘書長略談即歸寓。雪艇來訪，談全會、參政會及黨派問題與民主政團大同盟等問題，約一小時餘。二時午餐，餐畢小睡至四時始醒。近來夜眠不酣，而午睡不易醒，衰狀也。聞孟海病，甚以為念。閱六組情報十件，夜徐可亭君來訪，談糧食、財政、預算諸問題甚久。閱四組文件九件。十一時五十分寢。

10月16日　星期四　陰　七十度

七時起。軍改告各大學教授整飭學風書，又核閱中國工程師學會第十屆年會訓詞，係四弟所撰，余略為改易數語，深喜四弟文字已日趨於簡勁矣。十時往行政院訪蔣秘書長，談參政會開會及編訂卅一年度預算事，並交換關於工作之意見，談約三刻鐘而歸。午餐後泉兒回北碚，余小睡約一小時半，有惡夢，知近日神經又不寧也。傍晚閱六組件二十餘件，約宇高來談人事。得莫斯科使團疏散及近衛內閣總辭之訊，以電話報告前方。夜騮先來，詳談淪陷區黨務。閱四組文件十件。十二時寢。

10月17日　星期五　陰　七十四度

七時卅分起。昨晚睡前與四弟、七弟等談話太多，

臨睡未服藥，致又失眠。中夜醒來五次，清晨六時後即不能熟睡。起身後頗覺頭痛，鎮日不舒。閱報紙關於日閣總辭之評論，摘集材料。午後六時聞日廷決定以東條組閣，敵寇之動向可見。即以電話告俞秘書轉陳焉。今日午餐後小睡亦不佳。寄積泉一函，又覆私函六緘，處理函件八緘，閱六組情報四十八件。周兆棠（軍隊黨務處長）來談出版計劃。夜處理四組文件約十件，服藥洗澡，十一時就寢。

10月18日　星期六　陰　七十度

七時起。閱參考消息，知東條組閣進行頗速，敵之動向深可注意。大公報斷為北進，而我中央日報則以為承襲近衛政策之舊，余則以為我國不可不戒備也。八時卅分陳副秘書長伯莊來，談經濟方面之設計工作。此君熱情有餘，然不無急切之處，宜其與甘副秘書長不甚相合。處理函札八緘，閱錢清廉君論人事考績之文，稍思有可嘉者。午後小睡約一小時餘，齊駿來談對納粹國防軍及德國前途之瞻望，良久而去。七弟、毓麟來談外交部事。夜整理舊篋，以二十五年舊稿示四弟。閱四組文十件。十一時卅分寢。

10月19日　星期日　陰　六十八度

七時起。繼續整理舊篋，遍覓陝事紀要（係摘紀西安事變後處置張、楊部隊善後之文件者）不可得，然對於

舊時案冊，得一度清理，亦一佳事。昨、今兩日心緒較寧
謐，自覺尚堪任事，不似星期四、五之煩躁，殆睡眠較足
之故也。閱季陶舊著及二十四年舊稿，恍如重晤故友。人
過中年，每喜回憶，亦自然之道也。皋兒來商出處，因農
行擬約其為行醫。余以擇業就事，應不專以報酬為標準之
義告之，皋似頗能領會。午後睡約二小時，今日六組來件
獨多，凡四十餘件，閱之頗費時間。傍晚曹聖芬來，指示
業務，並計劃五組推進業務計劃。夜核四組件十一件。
十二時寢。

10 月 20 日　星期一　陰　六十八度

七時五十五分起。昨晚入睡已將二時，實屬太遲，
此不可不設法改正者也。八時卅分到國防最高委員會，出
席第六十九次常會。郭部長述外交形勢甚詳，戴委員引伸
之，謂東條組閣前後日本鄭重其事，可見其有發動大冒險
之決心。以意測之，近衛內閣之退，決非其政策碰壁，而
為其掩護之作用完成，與準備實戰之任務大體達成之象
徵。近衛內閣猶之外放寬袍、內裏堅甲之武臣，而今之東
條，則已將所披之袍卸去。須知近衛雖屬無能，而一貫仰
承少壯軍部之鼻息，其在任內為備戰作了兩件事：一、解
散既成政黨，粉碎其力量，與在憲法上之根據，以完成翼
贊會；二、實施總動員法，在經濟方面完成戰時體制。今
日任務已了，當然可以言去。故謂近衛、東條一貫相承者
是，而謂東亞大局不因東條登台而嚴重則非也。孔先生報

告財政甚長，何總長報告軍事，警戒日本以全力西進。討
論議案十二件、財政案約五十件，十二時卅分完畢。歸寓
午餐後，小睡直至四時卅分醒。閱六組情報十五件。王芸
生君來談宣傳方針，並詢軍政近況，談約四十分鐘而去。
夜計劃第五組黨務，又研究下月全會各事。十時芷町始
來。處理四組文件五件，研究考核委員會卅一年工作計
劃，核定後方經理會議訓詞，擬覆謝潘大使賀國慶函稿。
十二時卅分寢。

10月21日　星期二　陰　六十八度

七時起。發果夫、道藩、東原、書貽、雪艇、立
夫、文白等函，約定星期六會商縣級幹部訓練事。八時卅
分往嘉陵賓館訪沈成章主席及熊哲民主席，均外出未遇。
晤沈之辦事處長姚道洪字鈞民，略談而出。歸寓閱報，發
函數緘，論宣傳事。十時卅分約六組王書記沛南來談，指
示工作要點及進修方法。為唯果核定三民主義周刊之社評
三則。招望弟來商本組工作分配事，談論頗久，勉以作學
應有規律、有恆心。十二時午餐，餐畢，成章、哲民兩主
席來訪。成章此次自魯到豫，受敵軍包圍襲擊，衛隊死傷
過半，賴游擊隊接救得免。縱談經過，甚佩其臨變之沉
著。哲民為余談陝省黨政甚詳。客去後小睡至二時卅分
醒。李孤帆來訪，未及接見。蓋尋常請託，余實無暇兼顧
也。六組唐參謀保黃來說，詢其工作近況，並告以處理國
際情報應與主辦敵偽情報相連繫。徐道鄰兄來談工作方向

及在意所聞見者。六時閱情報件十二件畢，以今晚較閒，擬歸省家人，乃與道鄰同車至山洞，到寓後，再送道鄰回歌樂山。夜訪鄧亞魂秘書。十時就寢。

10月22日　星期三　陰　七十度

七時卅分起。盥洗畢，略進午餐，在舍外巡行一週。即攜暟兒回渝，擬明日送彼至江津入大學先修班也。到寓已將十時，待邱仰濬君未至。唯果來，談青年團事及本組工作進行事。處理函札八件。午餐畢，小睡至三時起。汪榮章來接洽人事處業務，汪荻浪秘書來報告視察故宮古物保管情形。傍晚劉紀文夫人來訪，談鶴皋兄之行止。晚餐後處理四組公文十二件，改電稿二件，出席第五組業務檢討會議，對同人之工作有分別指示。閱國際通訊。十二時就寢。

10月23日　星期四　晴　七十度

七時起。暟兒今日去江津。改定空軍參謀學校畢業訓詞一篇，閱六組情報件約三十件。九時到中央設計局，參加調整行政機構研究之小組會，由王雪艇秘長主席，討論一、二兩組報告，以內容較詳，決下週再開一次，十一時卅分散會。歸寓後，詳閱報告，再加研究。午餐後小憩一小時餘，謝耿民秘書來談，接洽行改院公事，以關於社會部之件面交其送還重擬。五時到四組，處理各件後，閱二十日以來之積擱呈表，不下七十餘件，為擇要代批

二十五件，餘待呈委員長親核。七時偕芷町同歸寓，晚餐
後商談工作與同人進修，十時始去。致錢賓四一函，與四
弟、望弟談，一時就寢。

10月24日　星期五　晴　七十三度

七時卅分起。核閱四、五兩組讀書報告。八時卅分
舉行全室研究大會，由余主席，一、二、四、五、六組先
後提出讀書報告，二、六兩組以組長未到，報告極簡略，
余綜合指示，作四十分鐘之講演。十時卅分完畢，與斅公
等略談後歸寓。雪艇來電話，詢外間傳說張學良離筑事，
告以無所聞，蓋敵人廣播造謠也。午後小睡一小時餘起，
準備呈委員長各件及當面報告件。核六組情報二十件。四
時陳公洽主席來訪，談閩省軍政甚詳。夜整理儲藏櫃之
件，處理四組文十二件。十一時寢。

10月25日　星期六　晴　七十六度

七時卅分起。作函三緘，八時卅分到珊瑚壩機場，
迎候委員長。蓋自四日赴湘桂，已三星期矣。九時卅分飛
機到場，即偕本室各人同歸（與世和、國華同車歸）曾家
岩寓。上樓晉謁報告別來各事。十時卅分歸美專街。邱仰
濬君來訪，談二戰區事。唐組長乃建來談南嶽會議（並討
論戰局與大勢）情形，午餐後一時去。潘公展君來談卅分
鐘。為委員長電唁劉允丞之喪，又電薛伯陵、黃旭初。小
睡五十分鐘，實未入睡。二時卅分往賀鼎丞先生子立全婚

禮。三時卅分在四號開會，商縣級幹部訓練計劃。到雪艇、道藩、寒操、書貽、兆民六人，會談至六時始畢。陳仲佳來談。旋自誠來，詳談南嶽開會始末。閱六組情報件十八件，處理四組件八件，閱前方辦出文件十四件。今日忙甚。十一時卅分寢。

10 月 26 日　星期日　雨　五十八度

七時卅分起。天氣陰雨驟寒，加衣兩襲。氣候之變殊太速也。閱參考消息，並作私函數緘。十時往訪貴嚴主任，略談即出。到官邸謁委員長，報告邱仰濬君來見之事，認為突兀而不可解，研究久之。委座謂將約徐部長次宸面詢之。十一時卅分到卡爾登祝果夫五十生日，委座亦致祝函，親筆書之。余為交蘭友轉遞焉。午餐後小睡至三時起。方擬整理舊日講稿，李仲公來訪，出詩稿索題，長談許久始去。張洪沅、鄭衍芬（涵清）二君來說重慶大學事，至六時始去。談話太多，宜有節制，後當戒之一。夜處理四組件十一件，六組件十件，覆公發函。十二時寢。

10 月 27 日　星期一　陰　五十八度

七時卅分起。盥洗畢，閱報及參考消息後，以昨晚失眠，小作休憩。九時卅分到國防最高委員會，與盧滇生君略談。今日原定舉行提案委員會，嗣以常會決定九中全會延至十二月舉行，故臨時中止。與季陶同訪敬之總長於其室，又約季陶到余室內談話久之。十二時回寓，午餐

畢，鶴皋來訪，談一小時。就床小睡，至四時始起。約芷
町來商鶴皋辭職事，代為起草辭呈稿。由辛及紀文夫人
來，邀同晚餐。七時於組長平遠來談戰局。旋國華來談。
仲佳來辭行。閱六組件十件。唯果來談，為核定周刊短評
三則。處理四組文件十四件，作函三緘。十二時就寢。

10月28日　星期二　晴　五十八度

　　八時卅分起。昨夜失眠甚劇，中宵醒來五次，計入
睡不過四小時，起床後精神甚疲，且頭痛極烈。過四弟室
中小坐，談刊物整理之要點。十時卅分委員長約往，談日
寇最近動向與中英軍事合作之要點，命擬文件。十一時卅
分歸寓，十二時再到官邸午餐，徐道鄰參事同席。一時
歸，小睡至三時起。佩箴來訪，未及與談。草致邱吉爾、
羅斯福電文。六時始完初稿，奉召赴官邸，與郭外長會
談。晚餐後八時，將所擬稿略加修潤後呈閱。處理六組情
報十件，閱批表十五件，又處理四組文件十件，芷町來
談，十一時洗澡就寢。

10月29日　星期三　晴　六十四度

　　七時卅分起。八時卅分奉委員長電約往官邸謁談，
為丁先生請款，奉交下致羅、邱函改定稿兩件，往訪郭外
長，請由外長翻譯。郭君留談近事，垂詢殷殷，至十一時
始別。至亮疇秘書長寓，參加國際問題討論會，研究集體
安全之初稿。到十一人，亮疇留午餐，一時始歸。聞稚暉

先生昨患攝護腺炎症，偕實之往視之。值晝寢，未晤。與
君武同志等商談，請惕生先生來，勸其入醫院療養。余則
先歸，以免驚擾。小睡至四時起。到中央團部，參加常務
監察會。到雪艇、騮先及余三人。六時與定榮同車歸。閱
六組件十一件，夜處理四組件八件。十一時寢。

10 月 30 日　星期四　陰　六十四度

七時卅分起。近日起床較遲，以骨痛又作，想係氣
候關係也。覆潘伯鷹函，為改定小詩一首（譯英人詩）。
八時卅分與郭外長通電話詢譯件。九時卅分到官邸謁談卅
分鐘，即至外交賓舍訪郭外長。十一時取譯件歸寓，略加
校閱，即攜送官邸。委員長正與何總長及徐軍令部長商對
付敵軍侵滇之部署也。以譯件面呈後即歸。午餐後核定，
發信稿五件，小睡至四時許始醒。閱六組情報件，處理函
札，閱讀附件，費時甚久。傍晚唯果兄來，以斯汀生陸長
來函交擬譯稿，並閱定覆美斐論壇主筆一函。忽覺發冷，
似係傷風。仍處理四組件十二件，十一時寢。

10 月 31 日　星期五　雨　六十二度

七時卅分起。致張君勱一函，商民族文化書院事。
十時往訪吳稚暉先生于其寓，值尚睡，不欲驚動，遂歸。
十一時再往訪，代委員長致問候之意，稚公病已癒十之
六、七，自言為攝護腺腫大，乃老年人常有之疾，不足為
慮。觀其精神甚好，為之心慰。歸寓值佩箴先生來訪，談

農民銀行事。午餐後睡一小時餘。今日又患水瀉四次，且頭痛異常，服 Saridon 後稍癒。處理函札八緘，閱六組情報十四件。夜唯果來商函稿，處理四組文件十一件。十一時卅分就寢。

11月1日　星期六　雨　五十八度

　　七時卅分起。盥洗畢，即往出席國民月會，以貴嚴病足，由余代為主席。為侍從室同事講述總裁二十三年在中央政校之訓詞一段。其大意謂：宇宙由空間與時間而成，吾人在所佔極小之空間與時間中，欲成就事業，無愧平生，必須注重于利用時間與空間。利用空間者，即擇定最適當之地位以作事。利用時間者，即在（一）善於支配時間；（二）過有規律的生活，每日在特定的時間以內，辦好特定的事件；（三）有恆心毅力，貫澈始終，對於把握時間一點，尤充分發揮之。蓋鑒於一年光陰已去其六分之五，不可不急圖補過也。講演卅分鐘，聽者均為動容。繼即舉行第二次業務檢討會議，一、二、四、五、六組輪流報告畢，略為講評，即散會。歸寓後，谷正綱部長來說社會行改機構經費事，約卅分鐘。旋程滄波君來談，彼今日自港飛渝，為余談在港作言論奮鬥之經過，留共午餐，一時始別去。小睡至四時許醒，閱公私函件六緘，謝蘅牕君率其二子來談。六時自渝動身回老鷹岩，省視家人，擬作半日之休憩。但適有要電待辦，明日清晨不得不歸去。十一時寢。

11月2日　星期日　晴　六十二度

　　七時起。昨未服藥，仍中宵屢醒。八時由山寓動身回渝，九時卅分到達。閱委座致羅、邱之電稿，囑唯果專送外部面交田成之秘書速譯發，分電胡大使面呈，並電顧

大使參考。蓋致邱首相一份已交卡爾（昨晚十時後顯光交去），由此間電轉矣。另以一份交古秘書譯發宋子文君參照，以上均遵昨晚之諭示而為之。此電稿原由外交部翻譯，但未能盡達原文之精神，此次改譯稿，當係蔣夫人所為，視前稿圓滿多矣。然因此修改，乃遲發三天，悔未將發初稿由侍從室逕辦也。陶百川君偕奚玉書君來訪，為簽呈委員長請約見。又以覆史汀生函稿（係唯果起草）送蔣夫人核改。向午潘伯鷹君來談，此君詞章雋雅，惜略有矜張之意，午餐後始去。小睡至三時卅分醒。閱第六組呈件十四件，本擬規畫工作要點及辦事要則，而由辛及董生槐青來訪，見之於客室。由辛為余言，已獲一子，五十一歲生兒，殊可喜。又雜談特種經濟調查工作，良久而去。毓麟亦來談，如此被動見客，真浪費時間矣。七時芷町來，處理四組文件十件。夜趙述庭君來訪，談一小時。今日談話太多，腦筋紛雜，與四弟談皋兒工作，愈覺心繁。十時四十分就寢。

11月3日　星期一　晴　六十度

七時十五分起。今晨以有事，須與中宣部接洽，故未及參加紀念週，而國防最高委員會第七十次常會亦未往參加。事後聞今日何總長報告鄭州戰後之前方形勢，並報告士兵生活待遇及國軍經理情形，甚詳備，蓋以上週馮委員玉祥有改善將士待遇之報告，故何總長負責將詳情報告，並提供根本改善之意見，謂須覆實編制、點驗名額，

以緊縮所得，補士兵給養之不足也。十時李原徵君（現改業就中茶公司事）來談，周佛海有悔悟意，余嚴詞告以既入迷途，已為國人共棄，若非自拔，無人能救。念之痛心極矣。蕭吉珊來訪談美洲黨務約三十分鐘而去。今日為陰曆九月十五日，乃委員長五十五歲之壽辰，蔣夫人在黃山治饌家宴，邀余參與。十一時偕李唯果优儷同渡江，李君等赴汪山訪友也。十二時一刻到山寓，一時午餐，為委員長舉杯祝健康，參加者何總長及亮疇、次宸、成章、公俠與啟予、雪艇夫婦，闔座十二人。天氣晴快，賓主歡洽。飯後與蔣夫人談一小時歸。三時卅分到渝，以委員長命，賚哈密瓜及水果數種往贈稚公，並候其病。傍晚閱六組件。毓麟來談。夜電燈不明，處理四組件十四件，十一時就寢。

11 月 4 日　星期二　晴陰　六十二度

六時即醒，七時起。閱報及參考消息後，即大感疲乏。因昨夜睡眠極不佳，多夢而屢醒，實未足四小時，故頗覺頭暈也。不能強支，重複就睡，至一時始起，食蛋炒飯一中碗。閱第六組情報十八件，又處理函札十件，閱小組會議報告二件。果夫來談幹部訓練事，約一小時而去。蔣夫人寄來覆史汀生、諾克斯等函稿，又贈余邱吉爾演講集一冊，讀其演詞三篇。毓麟來談，晚餐後去。作私函二緘，天放來談，處理四組件十件，十二時寢。

11月5日　星期三　陰、有微雨　六十度

　　七時卅分起。今日九時雪艇、屬生召開行政機構調整討論會，予略有頭暈，託芷町代為出席。在寓補記委座二十六年十月在南京國防會議講稿一篇（國府遷渝與持久抗戰），凡三千言，至十一時完畢。此稿僅余有鉛筆紀錄，藏之篋中，蓋已四年，今整理之，以存材料也。核閱發信三緘，又處理公私函札十緘。芷町來談上午會議之結果，午餐後去。小睡至二時四十分醒。閱六組情報件十五件，又閱四組批表及來文等十八件。夜第五組業務小組會議，致短函勉與會諸人。讀邱吉爾演詞一篇。十一時卅分寢。

11月6日　星期四　陰雨　六十四度

　　七時卅分起。閱報及參考消息未畢，張君勱君來訪，與談書院事及其他。論及政治問題，言詞不免激越，徒傷神經，事後頗追悔之。張君去後，同茲兄偕張驤先來談香港文化人活動情形。旋谷部長來說社會行政。十二時孤帆偕虞順懋君來訪，上午便如此匆匆過去矣。午餐後小睡至二時卅分醒。核閱報告一件，閱六組批表二十件，情報十二件，改正南嶽會議閉幕訓詞一篇，費時二小時。唯果來談。夜核四組文件十四件。十二時寢。

11月7日　星期五　晴　六十四度

　　七時卅分起。聞報知美國對來栖三郎赴美意態含

糊，或意在延宕時日也。九時陳寶驊君來談國事，約卅分鐘去。今日原已約蔣光堂來談，未見其來，蓋外來賓客，往往不以代見為滿足，而必求親見總裁也。發邵力子先生一電，並接洽雜事多件。午餐後睡一小時餘，呼匠理髮，頭腦為之一清。午後四時出席法、經、教審查會，審查非常時期人民團體組織條例草案。五時餘歸，閱六組件。夜致六弟函。燈下處理四組件約卅件。今日文件較多，又校閱手諭數件，有三件係致余者。芷町來談。十二時寢。

11月8日　星期六　陰、夜雷雨　六十五度

七時卅分起。致公弼一函，航快由仰光寄新加坡。又致新命、伯禎各一函，附六弟信內轉去。為工作日記擬訂格式事，函二、四、六三組組長。又處理公私函札十二緘。委座手諭，命準備參改會開會詞，分函蔣廷黻君及秋原、毓麟詢材料。向午忽患傷風，午餐後小睡起，喉頭紅腫作痛，以鹽點之亦不癒。今日洽卿先生來訪，未及接見。又力子之戚吳君來訪，亦未見也。四時君勱來談。五時為蔣夫人校閱對美廣播詞一篇。又閱六組件十八件。五時卅分舉行民族文化書院董事會，到惺甫、作孚、公權、道藩、驌先諸君，議決下年度預算，立夫亦來會，留諸君晚餐。與立夫、道藩談至十二時。閱四組文件，一時寢。

11月9日　星期日　陰、夜有驟雨　六十四度

晨起已八時。以昨睡太遲之故。傷風未癒，遂不及

參加張淮南君之追悼會，甚為耿耿。十時盧滇生君來，商秘書廳公事兩件。盧君去後，閱情報及外交電多件。傷風加劇，甚為不舒。十二時到官邸，參加參事會談，到二十九人。與鐵城、雪艇、復初、淬廉、自明等分別談話，又與石曾先生談反侵略會事，會餐至二時卅分始畢。黃任之君約至別室略談，頗覺其瑣碎太甚，然不得不勉強應付之。三時十五分歸，睡至五時醒，正擬補辦積件，而果夫來談，耗時一百分鐘，真覺時間不敷矣。傷風愈甚，皐兒為我配藥。傍晚閱六組情報批表卅餘件。夜唯果來談軍事合作。處理四組件十二件畢，十一時就寢。

11月10日　星期一　陰　六十四度

九時起。咳嗽喉痛更甚。處理公私函札十件，整理民族文化書院董事會決議錄，手條致第一組，自十月份起發四組陳組長之薪津，以其兼職機關已結束也。閱呈貼報冊三本，並送呈南雷學案，改正南嶽會議紀念週後之訓詞。今日事冗心煩，未及午餐，至二時始草草進食。三時後小睡至五時起。致幼椿、芸生、洽卿各一函，又擬民族文化書院呈文。閱六組呈件十四件，又核定蔣孝贊、邱濬廿八年度考績表各一件，處理私函六緘。夜芷町來，處理四組文件九件，簽擬青年團卅一年度預算及工作計劃。十二時寢。

11 月 11 日　星期二　晴　六十四度

七時五十分起。昨夜睡甚遲，處理各件後，並作函三緘，草籤呈一件，就睡已在一時後矣。幸服 Dial 一片半，睡甚酣，晨起亦不覺倦。續完昨晚所擬之覆件（為縣級幹部訓練事），閱報及參考消息畢，唯果來談，核定周刊社評三則。十時卅分黃任之來談，首言在菲募債經過，繼述對陳嘉庚之觀察，並談及其自身對民主政團同盟之態度，娓娓不已，約一小時餘始去。午餐後小睡至二時十分起，閱六組情報件卅件，核改游擊部隊校閱訓詞一篇，閱四組文件六件。往謁委員長，談開幕詞要點。十一時卅分寢。

11 月 12 日　星期三　晴　六十三度

八時十分起。夜睡太遲，晨興不能提早，今日國父誕辰之典禮，遂亦不及參加矣。胡秋原君攜文稿來，並詳述其對於參政會與時局之意見，談約一小時而去。閱其所擬之文，不及三月間一文之警切，留備參考而已。十二時到官邸陪客，十二時卅分午餐（胡文虎、沈成章、洽卿、孝賓、鐵城、滄波、齊焌及奚玉書），一時五十分回寓。閱毓麟所擬文字，小睡至四時始起。又患傷風。閱外交電十件，得力子電，即覆之。處理函札八緘。夜芷町攜四組文件九件來，為核定之。校閱行政院政治報告，並整理參考材料，一時寢。

11月13日　星期四　晴　六十二度

八時十分起。準備起草參政會開幕詞，而口授要旨，繁複曲折，頗覺行文組織難於自然，而說理陳詞，未能愜當，徬徨繞室，幾於不能下筆，至晚八時猶只成八百字也。委座五次來電話，補充要點，愈重視此文，余愈不敢下筆矣。上午十時博生偕朱文浦（昆明中央日報社長）來談。十一時卅分洽卿先生來談。午餐後為委員長寫致馮煥章函，送去壽軸一幀。午後小睡一小時即起。複閱材料，構思甚苦。傍晚道藩來談，傳戴院長意，為銓敘部人選事。晚餐後芷町來談卅分鐘，處理四組文件十一件。十時始凝神定心，專意撰擬，二時卅分完成，凡六千言。三時就寢。

11月14日　星期五　晴　六十四度

十時十五分起。實際八時卅分即醒，殊覺睡眠不足。閱參考消息及外電，到馮煥章先生家祝六十壽。晤瑞伯、少谷諸君，略談即別。至吳公館訪岳軍，中宣部訪雪艇，均未遇。十一時卅分委員長將文稿核閱後發下，謂大體可用，囑再加下數段。午後三時及七時又連送條諭二疊，補充新意，陸續修改，至夜九時始完畢。然知此文斷不能就此作為定稿。以委座每重視某一文言，即連續修改補充不止，此歷年之慣例，而近年為尤然。余之拙筆，實有不能追趕之苦也。今日下午來客甚多，顧逸樵、趙草覺先後來訪談，嗣商啟予主任及貴嚴主任、岳軍主席均先後

來談，頗應接不暇。夜芷町、毓麟、唯果來商文字。十一時寢。

11月15日　星期六　晴　六十二度

九時許始起。昨眠仍不佳，用腦太過也。盥洗畢，以講演稿送雪艇、岳軍閱讀，午刻得雪艇之覆函。即至堯盧舉行本室會報，討論關於釋放羈押私入幫會之員兵問題、考績標準問題、年終晉級問題及工作日記問題，十一時完畢。以文稿請貴嚴主任核閱，詢其意見。十一時卅分歸，則委座又來條諭，囑余將昨文歸併為四個中心要點，如此實際等於拆開重寫矣。午餐後小睡至二時卅五分起，靜心思慮，安排全文改造之組織，先改定第一張。四時往官邸會談，到鐵、驤、立、岳諸君，商會內問題。委員長言，民主政團同盟不必重視，在此時局好轉時，應囑同志對黨外人士格外容忍，勿與之爭持。五時歸，重寫講詞，至九時餘始畢。自誠來談，又與明鎬話別。至一時始寢。

11月16日　星期日　晴　六十四度

十時卅分起。昨晚服藥三丸，雖上床未即合眼，而睡後甚酣，約睡足八小時以上，故晨起精神甚佳也。閱報及參考消息後，與七弟閒談。委員長對講詞再有條諭，為研究之。午餐後小睡約一小時。二時承委員長召往官邸謁談，以改正稿再命整理，加入三段。道藩兄來談，約一小時去。七時將文稿整理完畢，即繕補送呈。八時芷町來，

處理四組文件十五件。十時一刻委員長將演詞最後核定稿發下。又增刪數處，如此反覆修改，真難乎其為承命執筆者矣。十一時起為親摘要點，二時十分送董顯光翻譯。三時就寢。

11月17日　星期一　晴　六十八度

八時起。以講演稿墨筆繕正本呈委員長。唯果來談文字工作之難，相與歎息。八時三刻偕叔諒、唯果同車赴軍委會，出席參政會第二次大會。先與雪艇秘書長談話，知董必武參政員等均出席，已到者一四〇人。九時開會，蔣先生致開會詞歷五十分鐘始畢。張一麐先生致詞，十時卅分散會。與孝炎、博生校繕發佈之件。十一時與自誠、叔諒同歸。國際宣傳處魏景蒙君送譯稿來，為核定之。又奉委員長諭，在華文稿上增修兩點。一時午餐畢，小睡至三時。檢閱自北碚攜來之舊篋，閱六組件十二件。接力子來兩電。杜月笙君來談。旋詠霓部長來長談。夜處理四組件十四件，閱外交電。十二時卅分寢。

11月18日　星期二　陰晴　六十九度

九時起。閱報及參考消息後，上午不作他事，稍紓前數日之疲勞。十一時卅分到官邸陪客，與新之、月笙、雲五、行嚴諸人談話。委員長今午宴參政員，到者除上列諸人外，尚有仲仁、叔癡、柳忱、敬輿、禦秋及川省周、黃二人，由雪艇作陪午餐。余先退回寓。午後小睡片刻

起，核改南嶽會議訓詞一篇。閱六組呈件十件。亮疇先生來談國際問題討論會之工作。亮疇去後，翻閱二十四、五年時日記，憶有陝事紀要一冊，竟無從尋覓矣。夜核四組件十二件，核改南嶽讀訓講詞七篇。十二時寢。

11 月 19 日　星期三　晴　六十九度

八時卅分起。閱外交電數件，整理自北碚攜回之文件篋，將二十四、五年時之存件再加檢查，而彙別保藏之。事畢已十一時。與郭外長通電話，因郭君主張考慮承認朝鮮臨時政府問題，彼以為此時實行最有意義，以來栖正在美也。十二時曉峯來余寓午餐，餐畢長談一小時餘。對「思想與時代」之內容，商榷久之。小睡約三刻鐘起。閱六組批表四十餘件，呈件十餘件。八時往謁委員長，報告三事。對承認韓府事，委員長主張緩提，謂應從長討論。夜閱四組件十一件，未參加五組業務會議。一時許寢。

11 月 20 日　星期四　雨　五十八度

八時起。到國民政府參加國防最高委員會第七十一次常會。居院長主席，外交、軍事報告均極簡略，討論議案十五件、財政案四十餘件，十一時卅分散會。與復初、季生、雪艇、可亭談話，又與果夫談久之，歸寓已十二時卅分後矣。四弟來報告參政會所見聞。小睡一小時餘。閱第六組批表十件，情報四十九件，閱四、五組讀書報告。

溯中兄來談甚久，晚餐後又談一小時而去。核閱四組文件十二件，處理函札十六緘。十二時寢。

11月21日　星期五　雨　五十二度

八時十分起。昨晚睡眠較佳。下樓晤蔣慰堂君（中央圖書館長），即邀之同車到堯廬。八時卅分舉行本室研究大會，到者五十餘人，即請蔣君演講讀書方法，歷一小時畢。各組作讀書報告，十時卅分散會，遂歸。閱參考消息及外交電多件，徐道鄰、黎公琰兩秘書來訪，午餐後去。小睡一小時卅分。白寶瑾君來談察哈爾省事。王化成君來商國際問題討論會事。丁基實君來報告鼎丞先生之病狀，以時遲不及往醫院省候。王芸生君來，談外交及時局兼及參政會事。閱四組批表十二件，六組呈件八件。夜芷町來，處理四組文件八件，毓麟來談外交。十二時寢。

11月22日　星期六　陰雨　五十二度

八時起。盥洗畢，閱報及參考消息與外交電，未畢，俞鴻鈞次長來訪，談六個月來服務財部之感想，謂機構太繁，人事太不齊整，希寵固位者不以奔走部長私室為恥，自問天性質直，只求作事，如此下去，實屬問心難安云云。並談專賣問題、發行問題、預算問題及物價問題，甚久而去。旋成君舍我來談，寄來六弟所購之筆二十枝，談港中情形及立報之善後。旋約吳任滄同志來談中美日報近況，約四十分鐘。其時已近十一時，鶴皋來談片刻。

十一時四十分到官邸陪客午餐。到鐵、騮、立、岳、雪、百川、百閔、世英、中襄、青儒、一山、子星等各同志，因張瀾、君勱、舜生等竟提出結束訓政案，與香港民主政團大同盟之十大綱領完全相符，委座甚憤慨，謂如此「無異要我們解除武裝，且加以重重束縛，而仍責我以抗戰重任，試問于情于理毋乃太殘忍。且提案精神完全要本黨自己否定革命歷史、取消三民主義與總理遺教，此與宣統末年各地逼王室下立憲詔何異。要知國民黨是革命的，萬不能任其竊民主之名以搗亂抗戰。」言時異常激昂。午餐畢，與岳、立、雪、鐵諸人略談，分頭出而運用。歸寓小睡至四時起。閱六組表件四十二件。四時廿分動身往中央醫院。視丁鼎丞先生之病，為攝護腺膨大，施手術當可癒，坐談十五分鐘即歸。至嘉陵賓館會餐。今日委座招待參政員到一百八十人。八時卅分偕唯果回寓。核閱四組文件九件，與唯、芷及滄波談。十二時寢。

11 月 23 日　星期日　晴　五十四度

八時卅分起。閱報及參考消息畢，唯果來報告委座接見麥格魯德將軍之情形，因與論日美談判之前途。十時卅分往交通銀行訪杜月笙、錢新之兩君，晤王儒堂，未與其談。與社、錢兩君談參政會及他事。十二時歸，至官邸謁委座報告。聞岳軍、雪艇今日為對付「結束黨治」之提案與張、左諸人接洽極忙，實則此案完全出於搗亂政客之所為，明明為窘迫政府而已。利用危難之時機，以謀擴張

其聲勢，是直小人之尤，較之共產黨尤為卑下也。午餐後
小睡又達二小時始起。閱六組批表四十件，外交電十件。
又詳閱羅總統之覆電，為彙入原電而保存之。處理公私函
札約十件。接默函及細兒函。傍晚皋兒來家，與談家事及
泉兒之職業。勗彼輩兄弟必須自強自立，以余半生迂僻，
近年專心公務，不接受私人請託，他人雖或相諒，而未始
不惡其傲。若下半生為兒輩而到處求人，不惟自負夙行，
亦必徒討沒趣耳。夜芷町來，處理四組文件十二件。芷町
為我代作贈郭沫若五十生日詩四首，囑永甥送去。閱小組
報告四件，讀宋元學案。十二時卅分寢。

11月24日　星期一　陰、下午晴　五十四度

　　八時卅分起。未參加紀念週，在寓整理積件，並閱
參政會本屆提案（共一二〇件）。今日中央常會後，原定
舉行提案研究會（九中全會），嗣接電話通知，謂常會散
會太遲，本週不舉行矣。聞戴先生在今日中常會說話甚
多，歷述日本議會之變遷，以至於此次日美談判。戴君平
時節制自己發言，近來尤甚，意態似極消極，但一發言則
滔滔不可止，此亦會議時間不經濟之一實例也。正午到官
邸，視午餐請客席次。今日約宴參政員二十八人，託唯果
代為作陪，余則歸寓午餐，餐畢小睡至三時。今日參政會
大會仍未去，由唯果、學素前往列席。三時卅分中山大學
校長張子春（雲）來訪，談二十五分鐘去。傍晚閱六組批
表十八件，呈件廿四件。蕭化之偕鍾彬（中央軍校一分校

主任，在漢中）來訪，談軍校教官生活情形，約廿分鐘。
晚餐後處理四組文件十二件，古秘書攜示子文（養）來
電，報告日美談判中之所聞。旋又電囑俞秘書抄送胡大使
報告，廿二日中英荷使節在美國務院與赫爾之談話。聞委
座今晚即有覆電致胡，望美勿弛經濟封鎖。十一時四弟來
談，直至夜深一時寢。

11 月 25 日　星期二　晴　五十六度

八時起。唯果來報告訪問畢澤宇晤談之情形，即與
學素、叔諒赴會參政會旁聽，余以事未往也。上午閱參考
消息及外交電多件，並綜閱參政會提案全文。正午委員長
宴請參政員二十二人，前往招待，未與席而回。食蛋炒
飯，餐畢小睡，至三時起。審核第三處人事管理綱要及考
核辦法案，又審議中美日報善後辦法，均詳細簽陳之。五
時得鐵城電話，知主席團所提加強民治案已通過，而張瀾
等所提之十條則保留。七時到官邸陪客，到參政員二十二
人。餐畢，謁委座略談歸。閱六組件，處理四組件。接沫
若和詩四首。十二時卅分寢。

11 月 26 日　星期三　陰　五十六度

八時起。閱參考消息及各報後，以委員長手答對於
預算案之函件送孔財長，並交四組辦發代電。九時卅分與
四弟同車赴軍委會，參加最後一次之大會。十時卅分行閉
幕式，委員長致閉幕詞，譚參政員（贊）演說，十一時卅

分禮成。與同茲等略談而歸。指示自誠整理講稿時應注意
之點。餐畢略睡即醒。親為委員長整理閉幕詞稿。四時往
嘉陵賓館賀張仲仁先生娶媳，奉委員長之命也。與月笙、
新之諸君略談歸。續完閉幕詞稿，五時卅分完畢。自誠之
稿尚未送來也。應約到官邸商外交，到亮、岳、雪艇、復
初諸人，八時後始歸寓晚餐。改短評三則，處理四組、六
組文件五十餘件。一時就寢。

11月27日　星期四　陰　五十六度

八時卅分起。今日參考消息及外電甚多，批閱歷一
小時餘始畢。日美談判漸入緊要階段矣。向午何浩若君來
談經濟危機，並痛陳懲辦囤積與管制金融之必要。一時始
得午餐，餐畢閱六組文件，並處理函札多件。三時陳啟天
君來談中國文化研究所事，並談時局約五十分鐘去。今日
本思廢止午睡，終於倦不能支，仍補睡一小時餘起。劉季
生部長及美洲僑胞譚贊（慕平）來訪，由辛來，邀與同
餐。餐畢，閱思想與時代雜誌。唯果來談美日談判事，旋
知赫爾有強硬聲明交來栖，形勢似好轉。八時卅分天放來
談約一小時。毓麟來談五十分鐘。處理四組件十件，與四
弟談。一時寢。

11月28日　星期五　陰　五十六度

九時起。畢澤宇君來訪（前察省代主席），談被陷
及脫險之經過，與南京偽府情形甚詳。約一小時去。閱參

考消息及外交電。吳任滄君再度來訪，談報館事。今日消息，似日美談判不至成立局部之妥協矣。午餐後改正致中國自然科學社會年會訓詞一件，四弟所擬也。以車接允默來渝小住。午睡至三時起。閱六組件三十一件，四組批表十八件。傍晚與允默談家事。夜八時卅分到官邸謁委員長，承命擬辦財政告援之函稿。九時卅分歸，處理四組文件十二件。十一時卅分寢。

11 月 29 日　星期六　陰雨　五十度

　　八時十五分起。繕發致盛世才通候之函，呈委員長親簽發出。又送呈交擬財政援助之件。八時卅分屈武來訪，託進行顧問事務處之事。希豪來訪，談浙江近事及浙訓練團情形。九時新之來訪，談交通銀行人事及滬港情形與申報館事，約一小時始去。閱外交電八件。十二時午餐，餐畢小睡至二時卅分起。閱六組情報件六十七件。今日呈件特多，聞之甚費時間。按大哥來函（十七發），寄來近影一幀，神采煥發，知其健適勝於去年，殊為喜慰。魏海壽君來談二十分鐘。旋曹聖芬介紹沈祖杖君來訪，沈養厚兄之子也。言談舉措頗類其父，乃中政校外交系畢業生，託為介紹入外部謀事。沈君去後，補閱今日各報，並讀雜誌。六時張君勱來訪，此君庸而且妄，對政治認識極不清楚，而侈談民主自由，不得不正詞規斥之。談話太多，事後思之未免不值得也。晚餐後曉峯來訪，談刊物內容及哲學研究。曉峯去後，道藩來長談文化運動之方針及

國民大會等問題，約二小時始去。今日為見客，談話費去
六小時以上之時間。十時處理四組文件。與七弟談話。
十一時卅分寢。

11月30日　星期日　陰　五十一度

　　九時起。沈宗濂司長來談外交部事。知該部擬改訂
新組織法，拆總務司為總務、人事、交寄三司，沈君頗有
意為外交人員建立人事制度，其志洵可嘉。又談簽發德、
義、丹、挪諸國教士游歷護照事，約一小時餘始去。岳軍
自成都來長途電話，告經濟檢查隊由綏署稽查處破獲囤積
糧、煤、布疋等案之情形。謂中央法令往往只頒本法，而
不發補充命令（如施行日期及區域），使地方當局無所適
從，言次頗感辦事之棘手。閱參考消息若干件，又接閱國
華抄來赫爾遞交來栖節略之全文，研究而保存之。午餐後
積祚、澤永、七弟來談。檢明園圖案墨一盒，附筆十枝
（以其上有壽字故以為贈品），託友寄浙江，為大哥壽。
蓋四弟、七弟均有贈品，故託併寄也。小睡至三時卅分
起，閱六組情報件十件，彙閱第五組業務報告，準備提出
明日之業務檢討會議。又簽呈委員長請示四件。晚餐後處
理四組文件十四件，代委員長發致何東賀電，下月二日為
其八十生辰也。與四弟、允默談往事。十二時寢。

12月1日　星期一　陰　五十一度

八時卅分起。出席國防最高委員會七十二次常會，孫院長主席，決議要案五件，預算案二十件。十一時先退，歸寓，閱參考消息。張曉峯君來，十一時卅分偕張君晉謁委員長，商承編撰中國歷代軍事史略要點。午餐後回寓。小睡至三時起。劉公使（琴五）來辭行，劉振東君來談，旋盧滇生君來談戰時土地政策綱領。閱六組件卅件，處理函札等十件，核閱四組件八件。七時卅分到官邸晚餐，到拉顧問、孫哲生、顯光夫婦等。今晚為委員長結婚紀念，夫人極歡樂，余飲酒二大杯。歸覺微醉，十一時就寢。

12月2日　星期二　晴　五十四度

八時卅分起。盥洗甫畢，委員長約往談，面諭關於交通銀行人事之件，並口授致戰區長官督促軍隊整訓電之要略，命擬稿呈閱。回寓一轉，即赴中央黨部，出席提案研究委員會，戴君季陶主席，十一時卅分歸。葉北平科長來談關於招待愛斯加拉（戴高樂將軍代表）事。十二時卅分午餐，餐畢小睡，夢作文字，用思甚苦。三時起，閱六組情報件，核定竺副官請示件一件，囑四弟摘編內政會議參考材料，閱曉峯意見書，為摘呈之。傍晚唯果來談外交及軍事，出示代張主席所擬講稿，文質均佳。夜擬致戰區長官電稿，核閱四組呈件八件，十二時寢。

12月3日　星期三　陰　五十四度

八時卅分起。閱參考消息及外交電，抄呈張其昀君論南洋問題之意見。陳希豪君來談限制資產及利用曠地等問題及浙省訓練團近狀。希豪不再請見委員長，由余代見也。十時去，處理函札數緘。往交通銀行訪錢新之，談一小時，又訪杜月笙，談十五鐘。歸寓午餐，王子壯秘書長來談監察委員會事。為蔣夫人修改十二月一日對美廣播詞。午睡一小時。允默今日回老鷹岩。與郭部長通話兩次。佩箴來訪未晤。虛白、顯光先後來訪，談明年度國際宣傳處預算。閱六組情報廿四件，處理四組文件十一件。夜徐可亭來談糧政。十一時五十分寢。

12月4日　星期四　陰　五十五度

八時卅分起。閱參考消息畢，擬修改講稿未果，而任覺五同志來訪，詳談青年團團務及研究總裁理論事，約一小時始去。曉峯來說關於編撰兵學要略事，為修訂凡例，繕清呈核。向午吳紹澍、馮有真兩君來談，留團午餐。餐畢長談一小時而去。藉知滬上文化界、出版界情形，蓋余與有真已四年不晤矣。事後送來龍井茶兩包，烹而飲之，極甘美。小睡約一小時起。錢端升君來談政治與經濟，王儒堂來談太平洋局勢，為四弟指示摘擬題詞之要點，閱六組呈件十二件。傍晚芷町來，處理四組件八件。接適兒來函及寶澧贈紙煙，擬覆謝之。蕭青萍來談地政。八時參加五組業務會議，改訓詞三篇。十二時卅分寢。

12 月 5 日　星期五　陰晴　五十四度

八時起。九時唯果來談青年團事，匆匆即去。核定委座為滬上六報館元旦增刊題字。十時卅分約應書記厚莆來談，詢問工作情形，加以督勉。約實之弟來，詢九中全會提案之情形。吳思豫廳長來訪。午餐後閱參考消息等件，小睡約一小時起。接香港寄來楊雲史遺墨攘夷頌，濡染大筆，鼓吹中興，不圖其中道長逝也，展對惋惜不置。閱黃溯初之國際研究報告一件，楊雲竹十一月敵情檢討一件，均原件呈閱。核閱六組呈件廿四件。傍晚毓麟來談。夜乃建、芷町先後來談，報告工作，並商成秘書應否繼續商調之問題，簽還戰時土地政策一件，又整理縣級幹部訓練之批示一件。一時寢。

12 月 6 日　星期六　晴　五十五度

八時三刻起。九時褚慧僧先生來談涪陵存土之處置案，遞送報告一件，即交四組摘呈。區黨部舉行執行委員會議，以事未往，去函述意見。以縣級幹訓之批示，函達段主任委員書貽。十時卅分委員長交下二日所擬致戰區司令長官電稿，命再修改，即改正呈核。十一時卅分後閱參考消息，並處理函件十餘緘。午餐後休息二小時。三時到國防最高委員會，與滇生談商公事。三時十分舉行各省府代表座談會，今日亮疇先生傷風，由余主席，請吳秘書長報告中央黨政措施及地方黨政關係，余亦就中樞政情作四十分鐘之演講。六時散會，遂歸。閱六組呈件十餘件，

阮毅成廳長來訪，詳談浙事約一小時餘，八時卅分去。處
理四組文件，與七弟談。十二時卅分寢。

12月7日　星期日　晴　五十七度

　　九時起。閱參考消息，日美關係緊張已極，五日敵
皇臨大本營會議，必係決定大事，太平洋上戰機日迫矣。
約竺副官來，面囑辦理公私事件。又閱六組情報件。電大
哥祝壽（十日為七十生辰），函中央社發王芸生參考消
息，接胡大使電（昨日到），為詹仲元離館事，與慶祥電
話商酌。十一時約董顯光君來，面商國際宣傳處明年度預
算，擬定核減數目，計國幣部分每月核減八千元（原列總
數十萬零五千元），美金部分每月核減四千六百元（原列
總數為一萬八千六百元），磋商頗久，仍以此總數囑其在
分項、分節酌量更改。十二時卅分午餐，唯果來詳談週刊
事，為周刊核定社評三則。一時五十分就床小憩，三時卅
分起，皋兒來談。處理函札數緘。赴中央黨部，出席提案
研究委員會，通過黨務總報告一件，季陶句斟字酌，審核
極詳。又討論黨務委員會所擬提案稿之處理辦法，決定黨
務部分由吳秘書長、政治經濟部分由亮疇秘書長及余分別
簽擬，再送常會，即在中央黨部會餐。八時歸，顯光再度
來訪，處理第四組文件約二十件，並研究設計局成送三年
計劃，與芷町共同斟酌，十一時卅分始畢。草審查報告一
件。一時寢。

12 月 8 日　星期一　陰　五十六度

九時十五分起。接董顯光君電話：日本於來栖在美談判時期竟先發動攻擊，以其空軍轟炸夏威夷、珍珠港、馬尼剌、新加坡等地，並在暹羅灣登陸，又三次轟炸香港。如此強盜行為，真應為全世界人類所不容矣。今日中央常會，總裁出席，對此緊急時局有詳盡之討論。僉以我國今日應明白與日、德、義宣戰，一面建議反侵略各國訂立軍事同盟。總裁折衷眾議，作成結論，囑亮疇、雪艇、復初部長起草文件。余於常會將散時馳往，奉命參加研究，在寓午餐。消息陸續而至，日本之空海軍竟擴大行動，及於威克島、中途島等地，顯見蓄謀甚久。餐畢往外交部，與亮、雪、復初及外部次長、司長等商談。三時到官邸，謁委座。三時卅分委座接見蘇、美大使，手交我國希望要件。四時英大使來見，由郭部長代見。五時卅分歸寓，知香港有線電已不通，午刻拍致六弟之電恐不及達矣。閱六組件十二件，芷町來談，處理四組文件七件，與張公權君接洽以飛機接在港人員之辦法，託月笙致希聖一電。核閱議案研究委員會所擬提案十二件，備明日與亮疇商洽簽擬。十一時卅分就寢。

12 月 9 日　星期二　晴　五十七度

八時起。王武岳、毛慶祥兩君先後來訪。岳軍自成都來長途電話，詢昨日會議及接見友邦大使之情形，約略告之。九時向傅秉常次長索得對日、德、義宣戰佈告稿，

加以研究。十一時卅分唯果來談。午餐後小睡約一小時，
情緒緊張，未完全入睡也。閱參考消息及第六組呈件。五
時到官邸，參加會談，林主席以次均到，決定發布宣戰布
告。六時卅分歸寓。委員長命撰擬告軍民書。晚餐後芷町
來，修改邱吉爾來電與委座覆電譯文，繕交發表。處理
四組文件十四件。十時委員長又交下致戰區將領電告，
囑再修改。十一時後開始屬稿，至三時卅分兩文完成。
四時就寢。

12月10日　星期三　晴　五十八度

昨晚輾轉不成寐，五時卅分始朦朧合眼，七時即
醒，不能復睡，七時卅分起。重校告軍民書稿，再加修
正。十時約唯果來談，將兩文共同斟酌，十一時卅分送呈
委員長親核。十二時到官邸會餐，今日宴內政會議各民廳
長，到者十六人，周部長、雷、張兩次長均參加。餐畢，
各廳長個別報告，委員長傾聽甚詳。三時始畢。與方定
中、胡次威、陶孟生、王次甫分別談話。三時卅分歸寓小
睡，仍不酣，五時起。修改告將領電，即拍發。六時奉召
往官邸，七時晚餐。閱六組件廿二件。九時將告軍民書最
後修正，並另擬告海外僑胞書。唯果來告英海戰失利。十
時百川來談。客去後疲甚，十一時寢。

12月11日　星期四　陰　五十五度。

八時五十分起。谷紀常主席來訪，談甘省一年來施

政經過及河西一帶民眾之困苦，與青、寧、新現狀之大概，約二小時始去。傾聽固亦有益，然甚感疲勞矣。改定內政會議訓詞一篇，費一小時餘。閱報知夏威夷等地海戰仍劇。午餐後小睡一小時許起。近日神疲，而略有心臟跳躍症，以事繁不得休息。委員長今日下午去南岸，命再告海外僑胞書修改。傍晚六組批表七件，呈件十四件。雪艇來談預算編制事。夜芷町、唯果來，處理四組件二十四件。改撰地政學會訓詞一件，研究提案，十一時卅分寢。

12月12日　星期五　陰雨　五十五度

八時卅分起。閱報及參考消息後，即研究全會政治經濟提案，簽擬意見。十時卅分攜往，就商於亮疇秘書長，得其同意，攜回繕送提案委員會。又閱外交電約三十餘件，核定本處上月份報銷，處理函札十二件，致曉峯函（為編撰歷代軍事要略）一緘。以香港形勢緊張，各方來商派機接送者甚多，幾應接不暇。午餐後與公權、復初、雨農、月笙等通電話，皆為在港諸人商撤退事。六弟一家無法即來，余亦未遑顧及，但託雨農必要時予以招呼而已。奉委員長命，草代電一件，又閱六組呈件。聞維琪政府決對我國絕交，簽報委員長。小睡約一小時。三時出席提案委員會，四時出席預算審查會，八時始歸。晚餐後，岳軍來談外交、內政，十時卅分始去。處理四組件，又為預算事草簽呈一件。一時寢。

12月13日　星期六　陰雨　五十五度

八時起。接張公權君電話，知我機昨日未飛港，九龍已陷敵手，遙念六弟，在此進退不可之局勢下，不知如何處置。而陶君希聖尤為可念也。閱參考消息後，研究明年度概算。發致宋子文電，匯克蘭款項。十一時張溥泉先生來訪，談西京籌備會及國史館筓等。午餐後閱六組呈件及批表，小睡一小時餘，覺尚酣適，但頭痛頻作，服藥不癒。傍晚與可亭通電話，告以裁減預算事請示之結果。與七弟談港事。修改羅總統函稿及覆函之譯文，交中央社發表。晚餐後核閱第四組呈件十八件，修改講演稿兩篇，與默通電話。十二時寢。

12月14日　星期日　晴　五十二度

八時卅分起。閱報及參考消息畢，忽覺發泠，頭痛甚烈，不得已再就睡。七弟來問疾，謂或係傷風也。與郭外長及董副部長在電話中談戰局，既起，乃不復睡。委員長交下關於經濟金融之提案兩件，分別閱讀抄錄而送達之（一送吳秘書長轉提案委員會，一寄果夫），另擬作函兩緘，寄徐可亭部長及亮疇先生，均為預算事。閱六組批表十八件。一時午餐，餐畢小睡。三時起，則委員長有手諭一疊，內列要點廿七條，命分別研究作提案要點，殊覺紛繁無措。姑先分類摘存。發朱一民、馬步芳電，告飛機相逅事。六時謁委員長，報告三日來要務。夜立夫及井塘次長來商教費。芷町來，鐵城來，均談全會事。十時卅分開

始草開幕詞要點，一時完成。二時寢。

12月15日　星期一　陰　五十二度

八時起。今日本室舉行特別紀念週，宣讀國府宣戰布告，余以事未往。八時五十分到國府，與遠道來渝之各委員相與寒暄。九時九中全會舉行開幕禮，到委員一百四十人，總裁主席，並致開會詞。接開預備會議，通過主席團名單，新加入葉楚傖先生。十一時散會，歸寓後，賀貴嚴兄來談經濟方面之提案。午餐後小睡。摘擬開會詞要點，於六時送達國際宣傳處，先發新聞稿。閱第六組呈件，七時自誠來，為改定開會詞紀錄稿，匆匆不及詳酌也。唯果來談甚久。核定周刊之社評，又研究提案多件。十時卅分寢。

12月16日　星期二　陰晴　五十三度

八時卅分起。今日全會第一次大會，上午為黨務報告，余未往出席。致吳秘書長一函。閱外交電多件。十一時往謁委員長，報告全會議案，並請示政治機構調整之意見。奉交下紐西蘭國務總理之稱頌電及邱首相演詞，囑可送交發表。又口授要點，命擬覆史大林函（係十二日來函）。退歸寓，即起草交繕，午餐後送呈。小睡至三時起。第二次大會仍未出席。四時委員長約往官邸，以改正之覆稿交下翻譯。即至會場，約唯果同歸，命其譯初稿，送亮疇先生修正之。七時到鐵城家晚餐，到驥、立、貴、

岳、翼、雪諸人，談全會提案。十一時歸。十二時寢。

12月17日　星期三　陰　五十六度

八時卅分起。九時到國府，出席全會第三次大會，孫院長主席，行政院各部報告。十時奉召到委員長處，送呈亮疇先生核正之函稿譯文。閱羅總統由麥格魯德轉之函件，建議分開聯合軍事會議，內容頗重要。向委員長報告會議情形並請示數點後，仍至全會出席。至十二時散會，與鐵城、岳軍、立夫等談，一時歸寓。午餐後小睡，辦發關於增列軍費臨時預備金之件。約唐組長來談六組秘書問題。五時卅分季陶約往其寓，談最高政治機構改革及增設政治協議機關、網羅社會及職業界人士問題。晚飯後八時卅分始歸。芷町來，閱辦四組文件十一件，作簽呈二件，轉各黨派建議函一件。岳軍來詳談大本營問題。十二時卅分寢。

12月18日　星期四　陰　五十四度

八時卅分起。今日傷風甚劇，頭痛不已，為總裁準備提案，仍不能不扶病工作，第四次大會及政治組審查會乃均無暇出席矣。上午搜集各種材料，起草重訂國防會組織要點及戰時政治會議組織要點。十一時約岳軍、雪艇來談，一時後岳軍等去。另擬戰時政治會議組之乙案畢，閱六組件。三時後稍憩，至五時起。岳軍、天翼來談，再加研究。七時滄波來，旋芷町來，商公事。八時卅分到官

邸，與鐵城、立夫、驪先、岳軍、雪艇、天翼等同謁委員長，談戰時政治機構事。十一時始歸。十二時就寢。

12月19日　星期五　雨　五十五度

八時卅分起。俞秘書送來批文三件：

一、為陶百川等參政員提請在戰時暫停縣參議員、鄉鎮民代表之考試事，奉批可照辦，送國防委員會；

二、為設置地政部提案，批示意見甚詳，研究久之，不得解決之法；

三、為起草覆印度軍總司令魏菲爾將軍電，交唯果辦理。

又賀主任送來軍事與經濟提案各一件，詳閱後送呈委員長參考。十時卅分奉召往官邸，報告全會各事，並商討戰時故治會議與國防最高委會之職權。委員長以改定案交下，詳細閱讀，終覺行之恐有窒礙。十一時出席第五次大會，約敬之、岳軍、雪艇三公至休息室共同研究甚久，不得結論；往訪季陶，再作一度之商榷。十二時卅分到官邸陪客，今日約請主席團午餐，居院長等發表意見甚多，均主設大元帥，但委員長以為不必。二時卅分散。三時出席第六次大會，總裁親臨訓話，達一小時餘。五時出席宣言起草委員會（楚傖主席）梁均默兄已寫成初稿，共作初步之商酌後，囑余代呈總裁請核示。六時卅分歸，閱六組件、四組件。七時到官邸，陪同李任仁、吳禮卿兩先生晚

餐。餐畢，禮卿先生報告鞏固西北之意見甚詳。出訪鄒敩公，囑其招待馬步芳主席。九時歸寓，整理文件。十時芷町來談。十一時服藥後就寢。

12月20日　星期六　陰　五十五度

八時卅分起。蕭鏡心來談，卅分鐘而去。以宣言初稿繕呈總裁核示，又發出致戴尼斯將軍函，託轉委員長覆賀魏菲爾將軍電。昨晚睡不舒暢，今日上午頭漲而發冷，十時卅分就床小憩，竟未睡熟。近日神經緊張不寧極矣。十二時起，辦發代電等若干件，並準備說明案。一時卅分訪季陶，二時列席主席團會議，說明戰時政治會議組織要點及國防最高委員會縮小出席人數之內容。主席團對戰時最高體制另有新案及附圖囑為轉呈。歸寓後即為紀錄整理，並擬地政署提案一件。八時往謁委員長面呈。八時卅分退，歸寓。芷町來談，九時為宣言補充要點往訪梁均默，又訪鐵城、岳軍，十二時歸，即寢。

12月21日　星期日　晴　五十六度

八時卅分起。滄波來談卅分鐘。馬子香主席及衛俊如主席先後來訪。十時卅分到官邸，謁委員長，交下致羅總統電（即交李秘書譯為英文）。又命發邵大使電，告我方提議五國軍事會議之要綱。又交下全會提案二件。十二時梁均默兄攜宣言稿來訪。一時午餐畢，往訪鐵城、岳軍商戰時政治會議事。三時歸寓小睡，神經亢奮，不能成

眠，合眼靜息卅分鐘即起。致季陶一函，奉交修改關於加
強總動員案，核閱研究後，交芷町修改之。五時卅分後梁
君所擬宣言初稿為補充要點，並修潤文字。八時芷町來
談。九時卅分將宣言稿修改完竣。往鐵城寓，與亮疇、敬
之、岳軍、雪艇談政治會議案。十二時卅分歸，校正宣言
騰清稿，囑陳清明晨送呈委員長核閱。今日之冗繁實為近
來所稀有。張向華來訪，未及接談。一時就寢。

12 月 22 日　星期一　晴　五十六度

　　八時起，略進小食後，即至官邸謁委員長，報告昨
晚所商各事之概略。九時隨委員長出席大會紀念週，由吳
秘書長宣讀政治的道理講詞小冊。委員長並就講詞補充說
明於時使薄斂及懷諸侯柔遠人諸條有所引申。末言，今日
為政之道，凡負責人員，皆應從修身以道，修道以仁作
起。對於縣長，應尊重其地位，尊重其人格。而任疆吏者
尤應虛心謹慎，切勿以有兵有權在手，而陵轢他人。欲求
軍政均上軌道，宜使軍人不兼作主席等語。講演約卅分
鐘。十一時禮畢，接開大會，余以事先歸。閱六組批表，
並送達總動員之交議案。十二時卅分委員長宴執監常委
於官邸，席間討論黨政，指示今後分工合作之要點，謂
精神、思想、行動首先要有澈底改革，剴切言之。午餐
畢，與均默修改宣言草案。三時歸寓小睡。四時五十分
再至大會，出席第九次會議，與岳軍等談政治會議案。
又出席宣言起草會，通過宣言稿。七時大會散會，歸寓晚

餐。季陶來訪，為余談其個人近來對公私之感想，兼及其家人在滬情形。又出示其在印度所作之文字二篇。九時自誠來談。十時季陶去，接委員長電話，為糾正大公報社評事。並寄王芸生一函。芷町、唯果來談，深以近來中樞政象外張內弛，領袖與幹部意志不能貫通為慮。十二時卅分寢。

12月23日　星期二　陰　五十六度

八時十分起。八時五十分到會場，先謁委員長，詢有何要案待接洽。委員長出人事名單一紙，交吳秘書長徵主席團之同意。九時十五分舉行大會，透過加強全國總動員案，凡綱要十條；設置地政署案之提出；設置戰時政治會議案討論甚久，最後決定名稱暫不規定，其性質則定為戰時重要政務之贊襄審議機關，人選標準亦照案通過。由委員長就：

（一）中常會推選之中央執監委員；

（二）學術文化機關、社會團體及經濟界領導人士；

（三）努力國事者；

三項中選聘之。繼討論大會宣言，浩徐、志希、天放、默君、蘭友諸君均貢獻意見，由主席歸納後仍交起草委員整理之。十二時卅分舉行大會閉幕式，戴委員長朗讀宣言畢，主席命張屬生同志補讀政治的道理完，遂散會。大會決定以葉、顧補中央常委，朱家驊為考試院副院長，李培基調秘書長，賈景德任銓敘部長，以劉尚清為監察院

副院長，沈鴻烈任農林部部長，陳儀任政院秘長，郭外長調職，以宋子文繼。至嘉陵賓館赴總裁宴會，與岳軍、一民等說軍政。今日雪艇頗有不豫之色，而復初更多感慨也。餐畢，總裁致詞：以

（一）改變思想精神；

（二）黨政不可對立歧視；

（三）海口封鎖以後正是革命黨人任艱奮鬥之時；

（四）要愛護青年同志；

相勉，歷一小時畢。三時卅分回寓小睡，四時卅分始起。望弟攜來應處理之函件一大疊，見之心煩，擇最要者數件辦發之。又承轉關於外交及人事件。晚餐時約毓麟來談。七時林主席宴會未克赴也。與亮疇、可亭接洽預算事。芷町來處理四組文件十六件，詳談甚久。豪氣不衰。十二時寢。

12 月 24 日　星期三　陰　五十七度

八時起。昨晚睡眠甚不佳，苦憶在港友人，尤以六弟為念。蓋大會期中無暇念及私人之事，今大會結束，乃自然牽念及之矣。外部錢次長以九時來訪，擬遞辭呈，慰勸其照常服務。接王芸生君來函。閱外交電約五十餘件，又處理公私函札十六件，尚有一大半未完。以委員長見召，即赴官邸。商定星期六上午九時開國防最高委員會，討論預算及其他要案。又詢外交部此後人選及聯繫辦法，蓋宋君在美尚有要務，須以部長名義留彼接洽，一時不能回國，

委員長擬兼攝其職也。陳述所見，以供參考。又因諭詢
大會後一般觀感，將中樞諸人及一般社會對行政院更張之
熱望，詳盡為委座陳之。且言社會上事亦往往有習非成是
者，亦有借題發揮者，然既形成公意，即有因勢利導之必
要。今日孔部長已為勞怨所叢，其原因亦有所自，惜彼年
事已高，對缺點已難改正矣。委員長聞余言頗頷首而韙
之。回寓後轉發宋電，以致羅斯福電（午刻由俞秘書逕送
外部發出）電達之。繼續處理公私函札三十餘件，蓋已六
日不閱普通件矣。招唯果來，商以在港諸人撤退事，託其
代為接洽。委座將以唯果任外部總務司，唯果不欲就，余
亦以為不如任參事較為有助也。顯光送來耶誕節委座廣播
稿，由英文譯成中文，不成文理，本擬為之修改，旋又取
回，蓋蔣夫人索閱也。接洽雜務數件，閱六組呈件十一
件，發力子、化之各一電。為朝報撰祝詞，檢土地改策提
案，並以楊雲史攘夷頌呈閱。六時卅分往訪于院長於陶
園，以其在劍閣翻車後肋骨作痛未癒，代表委座往問之。
于先生與余談極驩。歸寓晚餐，滄波來談。八時回老鷹岩
山寓休息。十時寢。

12月25日　星期四　陰、下午雨　五十五度

　　九時五十分起。昨晚睡足八小時以上，今晨八時後
始醒，復以怯寒，再睡一小時餘，當可補足半月來之失眠
矣。補記廿三、廿四日記畢，往舍外散步。過丁鼎丞先生
寓，坐談約半小時。丁先生出示其「俚言證古」稿，未及

詳讀也。其書分上下兩冊，大抵皆從方言上探故訓，究其音轉，而指明其為某字與某解，丁先生謂，可為解經闢一新途徑，亦為研究中國語言闢一新途徑，蓋如能博採今日冀、魯與中州、秦，隴之方言而深思熟究之，則古時經籍之難解者，十九可得其確詁，由是而知中國文字決非死文字，而為活潑新鮮之文字，且多少古代語言之成分，仍保存於山野偏氓之口耳相傳間也。別丁先生出，閒眺山間久之歸寓。一時午餐，食園蔬而甘之。午後仍小睡一小時，與允默觀察舍前之防空洞工程，召周副官桂清來，當面指示之。四時許公武秘書長來訪，言解官以後願得休息，擬回粵小住，以息多年之征塵，言次不無感慨。蓋其老母眷屬在滬，而兄弟多在港，存亡安危均不可知，余多方慰勸之。晚餐食自種之紅苔。燈下與允默及旦文姨氏談家常，今日完全休息不作事，十時卅分即就寢。

12 月 26 日　星期五　陰雨　五十六度

八時起。昨晚未服藥，睡眠極不佳，晨起即感頭暈。天時潮濕特甚，骨痛尤劇。九時自老鷹岩動身，到化龍橋，訪佩箴，未遇，途歸渝。遇道鄰於寓宅之門首，邀入談話。霞天來訪，談地政署及浙省府事。佩箴來，談農行及金融事。閱本日報紙及六組件畢，約芷町來談。午餐畢，處理四組文件七件，覺頭痛更甚，心跳不止。小睡不成眠，合眼小憩而已。與可亭、雪艇等接洽國防會事。四時亮疇先生及朱組長來訪，商明白議程。五時往外交賓

館，訪郭復初部長，談一小時餘。七時歸，唯果來談委員長必欲其任外部總務司，辭不獲矣。毓麟來談甚久。十一時就寢。

12月27日　星期六　雨　五十六度

八時起。盥洗畢，至官邸謁陳今日議程。九時出席國防最高委員會七十四次常會，委員長主席，討論卅一年國家總概算，於收入部分酌為增列，修正通過。十一時散會歸寓。閱參考消息及外交件。明、樂兩兒自校歸，不見兩月，似體長均增高矣。午餐後休息一小時，三時往農民銀行，參加葉琢堂先生追悼會，由宋漢章君主祭，王惜寸君報告事略，簡骸得體，令人追憶琢公不置也。過芷町寓，謁其太夫人，旋與芷町同車入城，研究總概算件。閱六組件四十五件、外交電二十四件。晚餐後處理四組文件十件，傅、錢兩次長來訪，九時卅分謁委座，十時訪天翼，十一時卅分即寢。

12月28日　星期日　雨　五十六度

五時卅分即醒，昨晚入睡已在二時卅分後，起服安眠藥一丸，再睡至八時卅分起。九時參加王法勤、劉守中先生追悼會，總裁親臨主祭。九時卅分歸。約滄波來談，囑其代擬元旦廣播詞稿。十時卅分唯果來談外交部事甚久。盧滇生來談國防會事，約四十分鐘。十一時卅分後閱六組呈件。午餐後遣車送明、樂兩兒去老鷹岩。成惕軒秘

書來談，約五十分鐘。二時卅分睡，三時卅分起。四時往訪傅次長，商外交部呈送公文辦理業務之手續，直至六時始歸。皋兒自醫院歸省，言決就貴陽職務，不勝依依之態。晚餐畢，略談去。作簽呈三件，作函二緘。九時卅分芷町來，處理四組文件十二件。洗澡，服藥兩丸，十二時就寢。

12 月 29 日　星期一　雨　五十度

十時起。昨晚睡眠最酣適，服 Amytal 之效也。處理私人函件十六緘，全會期間積疊之件始稍就清理焉。滄波送來代擬之廣播詞稿，以家室殘破勗國民以勵志復仇，嫌其與統帥口吻不合，且中有語焉不詳之點，決定不用。向午，滄波來談，並以此意告之，幸彼不見怪也。午餐後小睡僅一小時即醒。搜集作文資料，遍閱一月來報紙，又為委座擬發代電稿，指示元旦慶祝之範圍。三時卅分吳鍊才秘書來談三年建設大綱及三十一年度工作計劃與預算配合事。傍晚毓麟自誠來。七時彭昭賢兄來訪，談一小時去。晚餐時為外交部事發言不慎，對友人不快，形之於詞，事後思之甚不妥，實則精神疲勞之反應也。七弟來寓未詳談。唯果、芷町先後來談，處理四組件五件，本欲作文，而心思精力不能集中，只得置之。十二時後就寢。

12 月 30 日　星期二　陰　五十一度

七時卅分起。盥洗畢，稍息，即著手起草委員長

元旦廣播詞。自八時卅分起，至十一時成四分之三，約二千五百字，因正午官邸有客，須趕時前往招待，匆忙中將後段寫成，共約三千四百字。組織層次自問尚能貫串，然隨成隨即交繕，已不及校改一過矣。時適正午，十二時五分即往官邸，則諸君陸續而來。今日所宴請者為錢新之、宋漢章、貝淞蓀、席德懋、俞鴻鈞、顧翊羣、徐可亭、徐柏園諸君，而陳公洽秘書長與余作陪。席間所談均關於滬、港陷落後公私銀行情形及今後金融之措施與準備。委座已向國外提議外幣借款，頗以如何使法幣回籠為重也。午餐畢，與公洽商各省社會處人選，即覆告委員長如谷部長所擬批定。二時卅分歸寓，小睡未熟，三時卅分起。閱六組件二十餘件，處理公私文件十件，函國防會秘書廳，告成秘書服務成績，月底借調期滿，仍命回廳工作。今日季寬、驅先來訪，均以事冗不及接晤。七時往謁委座，對廣播詞有重要意義加入，須根本改造。乘便報告數事，即歸。晚餐後燈暗不能作事。與四弟閒談，並與芷町談洽公事，處理四組呈件。十一時後動筆改撰廣播詞，二時完稿，乃寢。

12月31日　星期三　陰　五十六度

八時卅分起。今晨五時陳清留書請假，繳存公物，不別而行。余事後於午刻始知之。御下不嚴，致有比失，甚可憤慨，然所以姑息優容之者，固由同宗之誼，先父與其祖上之關係，亦因今日患難之際，不欲求全責備乎也。

何圖彼不知恩，竟爾與不良之友為伍，虧負既鉅，乃一走了之乎，真出意料之外。上午盥洗畢，閱報及參考消息。九時委員長命往談，將廣播詞稿改就交余，命再增加兩段。十時歸寓整理，十二時完畢。三兒次宜自滇歸，面容略帶風塵之色，而黝黑中微見紅潤，知其健康尚佳也。午餐後下條諭，將陳情斥革。小睡起，約芷町來談。閱六組呈件二十餘件，並接洽四組各件與工作日記及考績標準等件。補助子猷、秀民款項各若干，以佐醫藥之需。此兩人均尚能負責自愛也。委員長將廣播詞重改一次，再為整理之。六時唯果來談，旋外部兩次長來接洽公務，談十五分鐘而去。七時委員長對全國軍民作廣播既畢，命自誠送稿來，即交中央社發表。又親擬提要，送國際宣傳處。夜辦理四組件五件，整理物件，與實之、四弟、仲兒、三兒聚談，今日陽曆歲除，勞生又度一歲矣。十二時寢。

民國日記 11

陳布雷從政日記（1941）

The Official Diaries of Chen Pu-lei, 1941

原　　著　陳布雷
總 編 輯　陳新林、呂芳上
執行編輯　林弘毅
封面設計　陳新林
排　　版　溫心忻

出 版 者　🛡 開源書局出版有限公司

香港金鐘夏慤道 18 號海富中心
1 座 26 樓 06 室
TEL：+852-35860995

�� 民國歷史文化學社

10646 台北市大安區羅斯福路三段
37 號 7 樓之 1
TEL：+886-2-2369-6912
FAX：+886-2-2369-6990

銷 售 處　源流成文化 股份有限公司

10646 台北市大安區羅斯福路三段
37 號 7 樓之 1
TEL：+886-2-2369-6912
FAX：+886-2-2369-6990

初版一刷　2019 年 9 月 25 日
定　　價　新台幣 300 元
　　　　　港　幣　80 元
　　　　　美　元　11 元
I S B N　978-988-8637-18-8
印　　刷　長達印刷有限公司
台北市西園路二段 50 巷 4 弄 21 號
TEL：+886-2-2304-0488